METANOIA
ROBERTO TRANJAN

A todos os metanoicos que anseiam transformar trabalho em vida.

À Maria, simplicidade e cumplicidade.

8 PRIMEIRA PARTE

Um dia daqueles
Encontros e desencontros
Brios feridos
Pacto com o diabo
Em busca de luz
Entre o sol e a terra
Sonho e pesadelo
Empresa sem vida
Medo do sucesso
Precisa ser assim?
Um novo amanhecer
Universo de possibilidades
Peixes e aquários
Dúvidas e abandonos
Trabalho nas trevas
Cliente, o grande desconhecido
A rota do ouro
Tormento e teatro

84 SEGUNDA PARTE

Solução fora de lugar
Fiapo de ânimo
Tradição e contradição
A busca de significados
A expansão da consciência
Pensamentos e sentimentos
A arca do tesouro

Concessão vital
Sem meias medidas
Topografia mutante
Pulsação em desatino
Vítima e algoz

141 TERCEIRA PARTE

Semente da alma
Um copo pela metade
Arranjo inimitável
Compromisso e equilíbrio
O negócio supremo
O mesmo sonho, uma nova aliança
No lado esquerdo do peito
Um punhado de perdão
Um novo olhar
Resultados plenos

179 Epílogo

191 Eternos agradecimentos

UM DIA DAQUELES

– Hoje não é mesmo o meu dia!

Os veículos se entrecortam na Avenida Paulista na tentativa de se livrarem de uma manifestação sob o amplo vão livre do Museu de Arte de São Paulo. Buzinas, sirenes e o som do alto-falante levam a irritação de Lucas às alturas. No trânsito congestionado, ele aproveita para mordiscar a refeição do dia, um hambúrguer comprado às pressas no *drive-thru* do McDonald's. Sabe que dificilmente conseguirá chegar no horário marcado à reunião com um dos seus principais clientes, nos arredores do Butantã, perto da Marginal Pinheiros.

É muito importante conquistar esse contrato. Significa desbancar o líder do setor e colocar a Firec no primeiro lugar do ranking. Há anos Lucas e Luiz Olavo buscam isso. Desde que se conheceram na faculdade de engenharia e resolveram empreender juntos. Aliás, a vida de ambos gira em torno da Firec. Estão unidos pelas mesmas ambições. Agora, a possibilidade real de chegar ao topo faz os olhos de Lucas brilharem.

Ganhar dinheiro, ter reconhecimento, poder e status social foram os motivos que os estimularam a empreender e que ainda hoje acalentam o sonho do sucesso. A gana típica da idade, somada a um setor próspero, fez com que em menos de quinze anos os sócios conquistassem um padrão de vida considerável: carros do ano, apartamentos de cobertura e casas de praia e de campo, jantares nos melhores restaurantes, viagens ao exterior.

– Vagabundos! Por que não vão trabalhar? Onde já se viu fazer uma manifestação em pleno dia na Avenida Paulista? Por que não fazem manifestações à meia-noite no Pico do Jaraguá?

Enfurecido, Lucas tenta ultrapassar, sem êxito. Tivera uma noite de insônia, uma de várias nos últimos meses. O fechamento daquele contrato era o maior desafio da Firec nos últimos anos. Deixaria os sócios em uma posição de destaque, privilegiada, diante da comunidade empresarial. Seriam convidados para proferir palestras e quem sabe até obtivessem o reconhecimento da mídia em entrevistas e reportagens. Talvez fossem capa da maior revista de negócios do país. Por tudo isso, embora essa atitude fosse muito rara, Lucas havia decidido tratar pessoalmente desse contrato em lugar do gerente comercial. Absorto em seus pensamentos, ele não notou a vibração do telefone celular no bolso do blazer até que a campainha soasse.

– Alô! Fale mais alto, o barulho aqui está insuportável!

– Chefe, aqui é o Aristides. Estamos novamente com problemas de caixa. Aquelas previsões de entrada não aconteceram. Os bancos estão rigorosos no crédito. Não sei o que fazer.

Embora fosse uma empresa bem posicionada em seu ramo, as vendas da Firec caíam a cada dia. Havia uma defasagem entre o fluxo de recebimentos e o de pagamentos. O problema já estava ficando crônico.

– Aristides, de novo! Fale com o gerente do banco, peça que aumente o nosso limite de crédito. Esta situação é passageira. Afinal, você é gerente financeiro da empresa, resolva o problema!

– Mas, chefe, sou apenas um gerente financeiro, não sou a Casa da Moeda! Precisamos de faturamento e de duplicatas.

– Estou a caminho de fechar nosso maior contrato. Vou fazer um bom negócio, você vai ver. Enquanto isso, fale com o Tavares, veja quais são as previsões de vendas e de faturamento.

– Já falei com o Tavares. As expectativas não são nada boas. As vendas estão abaixo do nosso ponto de equilíbrio.

"Prejuízo mais uma vez", Lucas rumina consigo mesmo. A situação da Firec deteriorava-se a cada dia. Bons tempos aqueles em que os gerentes de bancos cortejavam as contas da empresa. Agora cada dia era uma luta. Lucas aposta nesse contrato como a grande salvação e despede-se de Aristides com a promessa de pensar no que fazer.

Há quinze anos, existia um grande hiato entre a oferta e a demanda no setor econômico em que a Firec atua. Não foi difícil prosperar. Bastava entrar nesse hiato com um produto de qualidade superior ao dos concorrentes, que também não eram tantos como hoje.

Na distribuição das responsabilidades, Luiz Olavo ocupou-se mais das áreas industrial e de compras, e as atribuições das áreas comercial e financeira ficaram com Lucas.

No trânsito lento, as buzinas se misturam com o barulho da manifestação. Mais uma vez Lucas não percebe a vibração do telefone celular. Enquanto viaja no tempo e na memória, a campainha de seu celular volta a tocar:

– Lucas, precisamos chegar às oito horas no salão da igreja. O culto começará às oito e meia.

"Xi!" Lucas nem se lembrava desse compromisso. Joana, sua esposa, gostava de ir aos cultos de oração às quintas-feiras. Lucas não. Achava uma chateação, tentava sempre se esquivar do convite. Como o trabalho se estendia quase diariamente até as dez da noite, poucas vezes conseguiu acompanhá-la nesse e em outros compromissos.

Lucas era do tipo produtivo, que não podia perder tempo. Gostava de compensar a lentidão do trânsito falando ao celular e muitas vezes fazendo a refeição do dia. Quando chegava em casa, após o banho e o jantar rápido, trancava-se em seu escritório para ler e enviar e-mails. Cansado, tentava dormir, mas as preocupações eram maiores do que o torpor do sono e então navegava os olhos insones pela internet, certo de estar fazendo bom uso desses momentos.

É claro que com isso, e outras coisas mais, o casamento não ia bem. Joana reclamava da ausência de Lucas no dia a dia da família. O que mais a incomodava era a falta de interesse dele pelo cotidiano doméstico e a sua negligência diante da própria vida, ainda que Lucas insistisse em negar. Próximo dos quarenta anos, levava uma vida sedentária, estava quase vinte quilos acima do peso ideal, tinha uma alimentação inadequada e hábitos poucos recomendáveis à boa saúde.

– Joana, estou encrencado hoje! Estou preso na Avenida Paulista, tentando ir para o Butantã. É melhor que você vá sem mim. Tentarei buscá-la no final do culto.

Enquanto Joana reclama de sua pouca disponibilidade, Lucas ouve um ruído e sente um tranco no carro.

– Essa não! Era só o que faltava!

O para-choque do seu carro havia feito um bom estrago no carro da frente. Distraído com o telefone celular, Lucas não notara que o veículo ao lado sinalizava dirigir-se à direita. Sem dúvida, o descuido havia sido dele, mas sua irritação toma o espaço da razão. Ele sai do carro para ver o tamanho do estrago, praguejando, esbaforido.

– Ora, você ainda não aprendeu a dirigir? – exalta-se, deixando a cólera contrastar com a elegância do blazer italiano que cobre a camisa de linho branco, realçada pela gravata de seda pura.

O motorista da frente também sai de seu carro e, apesar do barulho e da confusão no local, comenta com ar tranquilo e sorridente:

– Essas coisas acontecem. Ainda bem que ninguém se machucou. Levei um pequeno susto. Estava justamente ouvindo uma música que dizia assim: "Se eu for pensar muito na vida, eu morro cedo, amor."

A calma e a serenidade daquele indivíduo deixam Lucas desarmado.

– Puxa! Como você consegue prestar atenção em música com essa confusão toda?

– É um exercício que faço comigo mesmo, o de não me deixar influenciar pelo turbilhão ao redor.

Lucas percebe o grande estrago que fez no carro do desconhecido, comparado à pequena lesão em seu off-road importado.

– Sinto muito! Deixe-me seu telefone e nos falaremos entre hoje e amanhã. Vou reparar os danos causados.

– Melhor assim! Não vamos complicar ainda mais o engarrafamento. Eles trocam cartões de visita enquanto as buzinas soam, os carros tentam se desviar e os guardas de trânsito resmungam pelos seus apitos o caos do fim de mais um dia na mais paulistana das avenidas.

ENCONTROS E DESENCONTROS

– Senhor Lucas, boa tarde! O senhor Kaiser esperou-o até as cinco e meia. Agora ele está em reunião com outro fornecedor. O senhor aceita um cafezinho?

Lucas não justifica seu atraso à secretária do cliente. Havia marcado a reunião para as quatro horas da tarde e já passa das seis. Pensa em Luiz Olavo, que, ansioso, aguarda a boa notícia, na resposta que precisa dar ao Aristides, no compromisso com Joana, na agenda abarrotada de afazeres para o dia seguinte, nas respostas às ligações que atulham a caixa postal do seu telefone celular, no acidente que havia causado e, sobretudo, na serenidade e no sorriso daquele indivíduo que conhecera na Paulista.

– Aceito – responde, distraído, à oferta do cafezinho enquanto procura o cartão do desconhecido.

Jefferson Gabriolli, líder educador. "Estranho", pensou, "líder educador?" Nunca havia recebido um cartão de visita em que constasse, sob o nome, a qualificação de *líder educador*.

– Senhor Lucas, o senhor Kaiser irá atendê-lo em seguida.

A empresa de Kaiser deve muito do seu conhecimento à de Lucas e também, é claro, à disposição de seu dono para o trabalho. Implacável, dinâmico e pragmático, Kaiser soubera, no decorrer dos anos, construir uma organização que hoje é maior que a própria Firec. Não é à toa que é considerado um empresário bem-sucedido e um negociador habilidoso. No início, a relação de Lucas com o cliente era mais estreita. O tempo, o crescimento da Firec e suas atribuições haviam criado um distanciamento. A relação passou a ser meramente mercantil, e as condições comerciais prevaleciam nas decisões de compra.

Depois de muito tempo Lucas resolvera ir à luta pessoalmente para fechar um contrato. Afinal, precisa movimentar a fábrica, cobrir os custos fixos, gerar caixa, pagar contas.

– Lucas, como está?

– Senhor Kaiser, desculpe pelo atraso. O trânsito de São Paulo, sabe como é...

– O que o traz aqui depois de tanto tempo? – pergunta Kaiser, demonstrando um pouco de pressa. Ele também era do tipo produtivo e sem tempo a perder.

– Negócios! Estou querendo aquele contrato de fornecimento que o seu departamento de compras enviou para cotação.

– Você chegou tarde demais. O pessoal que acabou de sair da sala é da nova empresa fornecedora. Fechei o contrato em ótimas condições de prazo e de preço.

O mundo parece ruir sob os pés de Lucas. Não é possível que aquele maldito congestionamento tenha acabado beneficiando o concorrente que tomara a dianteira nas negociações.

– Ora, mas nós somos seu fornecedor há mais de dez anos – Lucas ainda tenta apelar, aflito.

– Sem dúvida, fomos um cliente notável de sua empresa durante todos esses anos. Mas vocês ficaram desatualizados.

– Como assim? Implantamos programas de qualidade, *kaisen*, 5S, estamos próximos da certificação da ISO 9000, terceirizamos várias tarefas, fizemos o máximo para reduzir os custos e oferecer o melhor preço a vocês – insiste Lucas, consternado.

– Mas nós não estamos pedindo qualidade e preço. Estamos pedindo parceria nos negócios. Por onde vocês andaram todo esse tempo?

– Nosso gerente comercial visita sua empresa semanalmente. Pergunte ao seu pessoal de compras.

– Minha impressão é que estão preocupados em tirar pedidos para resolver o problema de vocês.

– Não é verdade! Estamos preocupados com nossos clientes! – afirma Lucas, não muito seguro do que está dizendo.

– Lucas, há anos não conversamos. Mudamos muito. Crescemos. Aprendemos a fazer o jogo do mercado.

Lucas antevê o grande prejuízo que aquela perda significaria para a Firec. Insiste em seus argumentos, agora na forma de súplica:

– Senhor Kaiser, estamos empenhados em servi-lo melhor, dê-
-nos uma nova chance.

– Negócios são negócios. O mercado é muito competitivo, precisamos nos atrelar às melhores condições. Parceria para mim é dinheiro em caixa. É assim que as coisas funcionam. Levanto todos os dias de manhã pensando em ganhos, resultados, lucros. Isso é o que conta! Amizades, relacionamentos, ajuda mútua não combinam com negócios. Conversa fiada! – Ele encaminha Lucas para a porta. – Esse é o jogo, e não fui eu quem o inventou. Sinto muito!

Lucas engole em seco. Aquele contrato era a última bala na agulha. Tenta insistir, embora conheça a irredutibilidade de Kaiser. Abatido, resolve desistir. Retira-se sentindo o peso do mundo sobre os ombros.

BRIOS FERIDOS

O trânsito flui lento na Marginal Pinheiros. Um desalento profundo se apodera de Lucas. Está exausto. Toda a pressa do dia havia se transformado em apatia. Sente-se culpado pela perda do contrato, pelo atraso que permitiu ao concorrente tomar a dianteira, por não se ter preparado de maneira adequada para negociar com o cliente. Havia acreditado, ingenuamente, que os vários anos de relacionamento seriam suficientes para garantir o contrato de fornecimento. Nada disso. Como disse o senhor Kaiser, o que conta é dinheiro em caixa.

A perda do contrato traria prejuízos financeiros e motivacionais para sua empresa. O ambiente na Firec já não era o mesmo dos tempos de bons resultados, quando havia bônus para todos os funcionários. Isso ajudava. Mas, agora, as pessoas estavam infelizes. Ele próprio sentia-se pouco estimulado com a empresa e o trabalho. Sua percepção dos negócios é drástica: os clientes não são fiéis, os fornecedores são impiedosos em suas condições, os concorrentes são desleais, os bancos são espoliadores, o governo é implacável.

Ainda que seja uma das principais empresas do setor, a Firec está em sua pior fase. O mercado é um verdadeiro campo de batalha, como costuma dizer seu sócio, Luiz Olavo. Todos os dias é necessário colocar a armadura de guerreiro e sair em combate. Sanguinolência! No seu desalento, é assim que Lucas vê o jogo da competição. Kaiser havia sido duro, mas estava com a razão. O que conta é ganhar o jogo.

E a Firec estava colecionando derrotas. Onde buscar reforço? Como combater? O que fazer?

A imagem de Jefferson Gabriolli, o estranho da Avenida Paulista, volta a ocupar a mente conturbada de Lucas. "Afinal, o que é um líder educador? Liderança... sempre me achei um bom líder. É... do jeito que as coisas andam, já não estou tão seguro disso."

Lucas reflete sobre sua equipe mais próxima. A gerência comercial havia sido ocupada dezenas de vezes. Tavares, o titular mais recente, deixa muito a desejar, na opinião de Lucas. Ele viera de uma grande organização e ainda não se acostumara com uma de menor porte. Com vários cursos na área de marketing e vendas, era de muito preconizar e pouco ouvir. Sempre de terno, gravata e ar superior, destoava do jeito informal dos demais gerentes da Firec.

Aristides cuida das finanças, embora não tenha formação na área. É advogado e, talvez por isso, acompanha com facilidade as mudanças na legislação fiscal e tributária. Ansioso e fumante inveterado, Aristides resguarda-se por trás de um humor irônico, que funciona também como um mecanismo de defesa por ter de lidar todos os dias com o centro nervoso da empresa: o caixa.

Soraia, psicóloga, é responsável pela área de recursos humanos, na verdade um departamento de pessoal que, além dos apontamentos diários e do cumprimento da agenda trabalhista, cuida também dos benefícios oferecidos aos funcionários. Pessoa da confiança de Lucas e de Luiz Olavo, ela sempre trabalhou na Firec, nunca teve outro emprego.

"Afinal", avalia Lucas, apalpando o cartão de visita, "acho que sou um líder razoável. Não existem conflitos na minha equipe. É bem verdade que o Tavares está há pouco tempo no grupo e os demais às vezes parecem sem jeito com ele. Mas o tratamento entre eles é cortês e é isso que importa... Será que é só isso que importa?"

Lucas desvia os olhos cansados dos *outdoors* iluminados. As luzes cobrem de reflexos o Rio Pinheiros. "Luz", é disso que Lucas necessita. "Onde buscá-la?"

Já havia escurecido. Gregório, o guarda da empresa, abre o pesado portão, permitindo a entrada de Lucas. Enquanto estaciona o carro, Lucas pensa no mal-estar que o olhar sinistro e o rosto casmurro de Gregório sempre provocam. Gregório é um homem forte de cabelos grisalhos, que denunciam suas cinco décadas de vida. Além de uma série de trejeitos, o que incomoda Lucas são aqueles olhos miúdos espiando de soslaio, como que buscando a prova de um crime.

Com passos apressados, Lucas dirige-se à sala de Luiz Olavo. Sobre a mesa há um balde de gelo com uma garrafa de champanhe e duas taças.

– Podemos comemorar? – recepciona-o Luiz Olavo, com um largo sorriso e ar de quem está prestes a brindar à vitória.

– Não trago boas notícias – responde Lucas, em tom patético. Silêncio.

– O que você quer dizer com isso?

– Luiz Olavo, perdemos o contrato.

– O quê??? Lucas, deixe de brincadeira! Nós somos os favoritos, fornecedores antigos, pessoas de confiança de Kaiser. Não tinha o que errar nessa negociação.

– Não tinha o que errar... mas erramos. Luiz Olavo, alguma coisa está acontecendo com nossa empresa e nós não estamos percebendo. Estamos perdendo o jogo a cada dia. E continuamos trabalhando do mesmo jeito, ou seja, fazendo o mesmo jogo. Há algo errado em nossa forma de gerir o negócio – argumenta Lucas, tentando ir mais fundo no ocorrido.

– Deixe disso, Lucas. É assim que construímos a nossa empresa: com trabalho, garra e alguns arranjos inteligentes.

– Aí é que está, Luiz Olavo. Coloque na ordem: arranjos inteligentes, garra e trabalho.

– O que você quer dizer com isso?

– Nós éramos bons no jogo do conluio, na farra das propinas, nos contratos fechados em boates regados de bebidas, nas relações pouco profissionais e nas economias de custos em suas mais variadas formas.

– Ei, o que há com você, Lucas? Esqueceu como funciona o mercado? Mercado é guerra, meu caro, você sabe disso. É preciso almoçar os outros, antes que você seja jantado. Já ouviu falar nisso? Pois é! Era assim no tempo do meu pai, e nada mudou de lá para cá. O que conta é força, poder e grana. Esse é o jogo, e foi assim que chegamos aqui.

– Concordo com tudo isso. É só ver como Kaiser pensa e o sucesso que vem obtendo. Mas existe algo que não estamos conseguindo enxergar. Estamos fazendo o jogo errado.

Lucas não consegue esconder o abatimento. Luiz Olavo, inconformado, anda de um lado para outro.

– Nossas vendas vêm despencando a cada dia, Lucas. Temos desperdícios enormes na produção. A estrutura de custos está elevada. A fórmula para sair dessa é simples: precisamos vender mais e produzir com qualidade e economia. E reconstituir as reservas para investir ainda mais em tecnologia.

– Não acho que seja assim tão simples, Luiz Olavo. Isso não gera os resultados de que precisamos. Os clientes estão sumindo e os funcionários andam desmotivados.

– Nós relaxamos, Lucas. Devemos conduzir a empresa com pulso forte. Precisamos estar no controle e no comando como sempre fizemos, agora mais ainda. Não podemos confiar em mais ninguém a não ser em nós mesmos.

Confiança! Eis uma palavra aparentemente distante dos resultados. Era isso que Lucas estava sentindo: baixa confiança dos clientes e dos funcionários na Firec.

– Luiz Olavo, responda com sinceridade: em quem você confia nesta empresa?

– Em ninguém! Meu pai já dizia que você precisa confiar desconfiando. Ele foi vítima de muitas fraudes em seus negócios. É só facilitar e você verá para onde vai nosso rico patrimônio. Como disse, precisamos estar no comando e no controle.

– Luiz Olavo, desculpe insistir. Nós não temos clientes leais nem funcionários leais, certo? Então existe algo errado com a Firec e na maneira como conduzimos nosso negócio.

– Lucas, acho que existe algo errado com você. Por hoje, chega! Boa noite.

Luiz Olavo sai, irritado e desconsolado com a derrota do dia, enquanto Lucas engole a sensação de fracasso. Os brios estavam feridos. Seria preciso fazer alguma coisa.

PACTO COM O DIABO

Luiz Olavo dirige a fábrica com pulso forte. Aprendera com seu pai, também empresário, que o "porco engorda aos olhos do dono". Por isso pouco confia e, portanto, pouco delega. Tem uma disposição ímpar para o trabalho. E energia e ambição na mesma medida.

O que sempre uniu Luiz Olavo a Lucas foram os mesmos sonhos e a esperança de construir o sucesso mediante a fortuna e a conquista de status social. Conseguiram muita coisa nesses últimos anos, mas a Firec não se encontra na sua melhor fase. Luiz Olavo via-se na obrigação de dar mais sangue ao negócio, afinal, o patrimônio pessoal estava em risco.

Nos últimos cinco anos, Luiz Olavo tem trabalhado quase vinte horas por dia. Não é incomum dormir à meia-noite e acordar entre quatro e cinco horas da manhã, já ligado ou com a "adrenalina em alta", gaba-se com os outros. "Vá mais devagar, chefe!", costuma ouvir de seus colaboradores diretos. Poucos conseguem acompanhar seu ritmo, e isso o deixa embevecido.

Luiz Olavo entende o mercado como um campo de batalha em que diariamente se travam lutas sanguinárias. Ou se vai para vencer ou para perder. E, como não é homem de derrotas, geralmente entra para ganhar, lançando mão de todos os recursos e meios, éticos ou antiéticos, morais ou imorais. Para conseguir o que pretende, Luiz Olavo não mede esforços. Faz acordo até com o diabo, como ele mesmo gosta de dizer. Não pensa duas vezes para atingir seus intentos. Seduz funcionários de concorrentes, propõe negócios espúrios, corrompe colaboradores de clientes.

Essa vida atribulada lhe custara, além das marcas brancas nos cabelos e uma portentosa barriga, a dissolução de dois casamentos, e, agora, no terceiro, as coisas também não iam bem. Costuma dizer que sofre de má sorte, com a infeliz coincidência de cruzar com mulheres que têm, surpreendentemente, os mesmos defeitos. Exceto nas relações efêmeras com amantes.

A diversão que mais lhe agrada é reunir amigos em seu barco para pescarias e farras. "Afinal, o que mais quero na vida?", pensa.

Na empresa, os empregados o respeitam. Talvez seja mais temor do que respeito. Afinal, Luiz Olavo não gosta de ser contrariado e quer ver prevalecer suas opiniões. Ferreira, funcionário que já havia trabalhado na empresa do pai de Luiz Olavo, é seu braço direito. Pau para toda obra, Ferreira, ou seu Ferreira, como preferem chamá-lo, tem como lei tudo o que o patrão diz e comanda. É como um capataz de fábrica. Luiz Olavo acredita que as pessoas não gostam de trabalhar. Fazem isso por obrigação e necessidade, não por vontade nem por prazer. Por isso dirige a fábrica com mão de ferro e o apoio incondicional de Ferreira. Adota um sistema rígido de banco de horas para não haver desperdícios na utilização do tempo de seus empregados. Utiliza a cesta básica de bens para conseguir sua assiduidade e os penaliza, suspendendo o direito à cesta sempre que as faltas excedem três dias por mês. Em contrapartida, premia os que cumprem suas metas diárias de produtividade. Recompensa e punição: esses são os métodos adotados por Luiz Olavo e por Ferreira na direção da fábrica.

Ultimamente, em virtude do aperto financeiro que a Firec vem enfrentando, eles resolveram cortar o cafezinho. Aristides, o gerente financeiro, havia alertado que a medida resultava em uma economia irrisória, mas Luiz Olavo argumentou com astúcia que era uma forma de fazer os funcionários compreenderem que as coisas não iam bem e que isso inibiria qualquer tipo de reivindicação financeira.

Luiz Olavo recorda quanto investiu em programas de qualidade no início da década de 1990. Não queria ficar atrás da concorrência. Foi uma época de muita movimentação interna, os produtos atingiram um bom padrão de qualidade, a prática do *kaisen* trouxe melhorias no dia a dia, os 5S fizeram com que todos se envolvessem com a organização interna, mas e daí? Pouca coisa ficou de lá para cá. A Firec parecia afugentar os clientes.

As vendas caíam semestre após semestre. Clientes perdidos não eram recuperados; novos clientes duravam muito pouco. E os funcionários pareciam alienados, alheios a tudo.

A conquista daquele grande contrato com Kaiser era um sonho antigo e a recompensa maior por todos esses anos em que trabalhara com afinco. Mas seu Rolex prateado anuncia o fim de um dia marcado pela derrota.

EM BUSCA DE LUZ

– Senhor Jefferson Gabriolli, por favor.

– Pois não, só um instante.

A recepcionista transfere a ligação.

– Bom dia! Aqui é Jefferson!

– Bom dia! Quem fala é Lucas, aquele que amassou seu carro na Paulista.

– Olá! Como tem passado? Vi no seu cartão que você, se me per mite chamá-lo assim, também é diretor de empresa.

– Na verdade, sou um empresário à beira de um colapso nervoso – desabafa Lucas, sem meias palavras. – Talvez seu negócio esteja indo de vento em popa, mas o meu está sucumbindo.

– Talvez. Mas não foi sempre assim. Já passei maus bocados. Acabei indo à falência na minha empresa anterior.

– E o que o fez dar a volta por cima?

– É uma bela história... – diz Jefferson, com um toque de mistério.

– Notei, com estranheza, a maneira como você se apresenta: líder educador! – comenta Lucas, tentando saber mais detalhes.

– Isso faz parte da história. Por que você não vem conhecer minha empresa? Terei o maior prazer em recebê-lo.

– Quem me dera! Estou com a agenda tomada. Estamos correndo atrás do prejuízo. Precisamos faturar hoje, a fim de gerar a duplicata que vamos descontar para pagar a despesa de ontem. É um dia após outro e sempre do mesmo jeito. Mas preciso acertar com você o pagamento da batida. Desculpe a inconveniência, mas por que você não vem até minha empresa?

– Costumo ir a São Paulo todas as quintas-feiras. Você tem disponibilidade amanhã, na parte da tarde, nessa sua agenda atribulada?

– Será um grande prazer – concorda Lucas, sem consultar a agenda.

– Agora preciso desligar. Meu gerente financeiro está me esperando.

Aristides entra na sala, estupefato.

– E então, chefe, o que vamos fazer? – pergunta, ansioso.

– Não tenho boas notícias. Perdemos o nosso melhor cliente.

– Estamos fritos! O que vai ser de nós?

Aristides é formado em Direito, mas nunca exerceu a profissão. É um tanto desarvorado para gerenciar uma área que exige organização e controle. No fundo, é mais um tesoureiro que cuida do fluxo de recebimentos e pagamentos, com bons conhecimentos tributários. Por isso Lucas o havia contratado. E, fundamentalmente, por confiar nele.

– Olhe só, chefe, os saldos negativos aumentam ao longo do mês. – Aristides mostra o fluxo de caixa.

– Aristides, sinto falta de uma ferramenta que demonstre as causas. O resultado de caixa é só um sintoma – comenta ele, com o tom típico de quem está apenas repetindo uma solicitação antiga.

– Que outras informações são necessárias para concluir que nosso problema está nas vendas? – insiste Aristides.

– Qual é o volume ideal de vendas? Qual é o prazo de vendas mais adequado? Qual é a taxa de desconto em cada situação? Qual é a margem de lucro necessária? – bombardeia Lucas, sem nenhuma esperança de boas respostas.

– Chefe, se vendermos, todos os nossos problemas estarão resolvidos – arremata Aristides.

– Penso que não é assim tão simples. Seu Ferreira e Luiz Olavo dizem que estamos com capacidade ociosa na produção. Acho que não sabemos mais, ao certo, o que dá resultado na Firec.

Lucas continua examinando o fluxo de caixa enquanto Aristides acende um cigarro.

– Aristides, quanto temos na carteira de pedidos? – Lucas faz a pergunta esperada.

– Quem sabe disso é o Tavares.

– E ele vai dizer que não sabe ao certo – lamenta Lucas, como quem assiste a um velho videoteipe.

– Tavares e sua equipe precisam correr atrás dos pedidos. A Firec necessita de vendas!

– Lá vem você, de novo, com o mesmo diagnóstico.

– O fato concreto é que, sem vendas, não geramos as duplicatas que servem para obter recursos nos bancos. Tenho adiado o recolhimento de impostos e de encargos trabalhistas para liberar recursos para outros credores. Estamos num mato sem cachorro.

Lucas espera Aristides apagar o cigarro no cinzeiro.

– Calma, Aristides! Sinto que algo está para acontecer.

– Falência! Esse é o algo que está para acontecer se não tomarmos uma providência urgente.

– Vou receber uma visita amanhã – diz, sem dar atenção aos comentários exagerados de Aristides.

– Algum gerente de banco? Um agiota qualquer? Precisamos de dinheiro!

– Nem um nem outro! Trata-se de alguém que conheci num congestionamento na Paulista. Bati no carro dele!

– Ótimo! Mais despesas. E daí?

– Daí que eu não sei explicar. O jeito dele me cativou. Aquela espontaneidade, aquela serenidade diante de tanto barulho e confusão... Também fiquei curioso sobre a profissão dele: líder educador! Você sabe o que é isso? – pergunta, examinando novamente o cartão de visita de Jefferson.

– Sei lá! Deve ser algum professor de universidade ou um gerente formado em Pedagogia. E quanto aos nossos problemas? Como faremos? – pergunta Aristides, aguardando alguma sugestão prática.

– Precisamos buscar luz em algum lugar! – anuncia Lucas em tom profético.

E fica pensando na história da costureira que havia deixado cair uma agulha e fora procurá-la sob a luz de um poste na rua. Uma amiga, passando por ali, perguntou-lhe o que fazia.

– Estou procurando a minha agulha.

A amiga também começou a procurar, mas não encontraram a agulha. Finalmente, ela pergunta:

– Onde você perdeu a agulha?
– Em casa.
– Então por que estamos procurando aqui fora?
– Porque não tem luz lá dentro. A única luz está aqui fora.

ENTRE O SOL E A TERRA

– É um prazer recebê-lo, caro líder educador.

– Boa tarde! – cumprimenta Jefferson com o mesmo sorriso espontâneo da Avenida Paulista.

Jefferson, que beira os 40 anos, fora malsucedido num negócio ligado ao setor de impermeabilizações e depois preferiu seguir carreira de executivo em uma grande organização. Com seu impulso empreendedor, no entanto, logo montou um novo negócio, e é nele que tem vivido as melhores experiências empresariais.

– Senti você muito aflito outro dia, na Paulista – comenta Jefferson, observando ao redor.

Na recepção da empresa, havia um quadro em que estava escrito *Nossa missão é exceder as expectativas dos nossos clientes*, algumas poltronas, um sofá velho e uma mesa de centro com revistas espalhadas.

– E não é para menos! Por que eles não fazem aquelas manifestações em um local mais apropriado? No Pico do Jaraguá, por exemplo. Ora essa!

– Talvez porque poucos prestariam atenção no que estavam reivindicando. Mas, pelo que você me disse em nossa conversa de ontem, parece que não era só o congestionamento que o estava irritando.

– As coisas estão ficando muito difíceis aqui na empresa. Desculpe o desabafo pelo telefone, afinal mal nos conhecemos.

– Fique à vontade! Gostei da autenticidade. Afinal, o que está acontecendo com seus negócios? – pergunta Jefferson, demonstrando interesse.

– Perdemos vendas a cada dia. Estamos no prejuízo há três meses. Começamos a ter problemas de caixa. As reservas estão sendo consumidas. Precisamos de faturamento e de resultados.

– E o que está restringindo vocês?

– Fazemos de tudo para não perder vendas. Concedemos descontos, cedemos nos prazos, facilitamos nos preços, e o que ganhamos com isso? Diante da primeira oferta mais atraente, o cliente corre sem o menor escrúpulo para um concorrente. Foi isso que aconteceu naquele dia da batida. Perdemos nosso principal cliente e entregamos de bandeja um grande contrato. Não somos capazes de reter clientes.

– O que mais você tem feito para melhorar os resultados?

– No fim do ano fizemos um corte acentuado nos custos. Já vínhamos diminuindo as despesas, mas não estava surtindo efeito. Então, reduzimos o quadro de pessoal em 30% e ainda assim não estamos conseguindo ser competitivos. Vou lhe mostrar a fábrica enquanto conversamos.

Jefferson percebe a aflição no tom da voz de Lucas. Enquanto o acompanha pelo corredor até a área de produção, ele comenta:

– Sabe, Lucas, o pior de tudo isso é tentar ganhar o jogo errado. A gente se esforça muito e rende pouco. Penei demais na minha última empresa e concluí que coloquei força onde não devia. Comecei a me perguntar se *resultado* é de fato a diferença entre receitas e despesas.

– Ora! E não é?!?!

– Antes de Copérnico, astrônomo nascido no século XV, os homens acreditavam que o Sol girava em torno da Terra. Não foi fácil para nossa autoestima aceitar que a Terra era mais um planetinha dentre tantos outros do sistema solar. É o Sol que garante a vida na Terra. No mundo empresarial não é diferente. Ainda há quem acredite que o sucesso gira em torno do lucro. O lucro não é o Sol, o cliente é o Sol. Eu também acreditei no contrário durante muito tempo. O jogo que eu fazia era muito parecido com o seu: diminuição dos custos para ser competitivo em preço. Mas isso é o que todos fazem. Resultado: fali.

– Mas então? Qual é o outro jeito de ter resultados em uma empresa?

– Lucas, essa é uma boa questão. Tem gente que pensa um negócio como uma atividade mercantil que transforma matérias-primas em produtos acabados, no caso de uma indústria, ou que transfere mercadorias do estoque para determinado cliente, numa loja comercial, ou que presta serviços, como muitas empresas desse ramo de atividades. Um negócio é muito mais que isso.

Jefferson observa um grande galpão de tijolos aparentes com iluminação natural e tubos para ventilação.

– Essa é nossa área de produção. Veja os equipamentos: são de última geração. Meu sócio, Luiz Olavo, é muito zeloso com a atualização tecnológica. Quando ouve qualquer notícia sobre algum concorrente que tenha adquirido uma nova máquina ou tecnologia, ele corre para não ficarmos para trás. Mas você dizia que...

– Existe um tipo de negócio que é representado por uma *empresa única*. A *empresa única*, como o nome diz, não possui similar. É, portanto, líder no seu mercado.

– Aí está nossa frustração, Jefferson. Estávamos prestes a nos tornarmos essa empresa única, a primeira no ranking do nosso setor. Veja, esta é nossa última aquisição: uma bela máquina importada da Alemanha, totalmente computadorizada.

– Isso de ser o primeiro no ranking é coisa da velha economia, mas essa era já passou – argumenta Jefferson. – Estamos vivendo numa nova economia, a combinação da tecnologia com o conhecimento. É um novo jogo, com novas regras. Liderança, nesse sentido, é destacar-se em algo que é valorizado pelos clientes.

– *Empresa única...* – balbucia Lucas, conduzindo Jefferson pela fábrica.

– A maneira como você concebe o negócio influencia grande parte do seu comportamento como empresário e de suas atitudes para com funcionários, clientes, concorrentes, investidores, governo. É bom que você saiba que a *empresa única* é liderada por pessoas que enxergam o mercado, os clientes, as oportunidades, a equipe e os resultados de maneira diferente. Lucas, há quanto tempo você dirige carro?

– Epa! Você acha que aquela batida foi barbeiragem?

– Quero falar de outra coisa. Você se lembra do seu primeiro carro, das coisas com que se preocupava quando o comprou?

– Lembro… A potência do motor, a qualidade dos pneus, se tinha ou não macaco…

– E na compra do seu último carro, você se preocupou com esses mesmos fatores?

– Claro que não. Hoje as demandas são outras, estão muito ligadas ao design e aos itens adicionais.

– Pois bem! Esta é a questão: todos os carros, hoje, pegam no clima frio. Os diferenciais não estão mais só na tecnologia, mas em outros fatores. Descobri-los é o grande desafio, e isso só acontecerá, se você estiver muito próximo de seus clientes. Talvez, para surpreendê-los, você precise conhecer os clientes dos seus clientes. Lembre-se de que estamos em uma nova era. O lucro é consequência de um bom trabalho com o cliente, é o aplauso recebido do consumidor satisfeito.

– Quer dizer, então, que estou recebendo vaias dos meus clientes?

– Pode ser… Se você imaginar sua empresa como uma equipe de teatro e cada funcionário como um artista, que tipo de espetáculo vocês estariam fazendo?

– Pelo jeito, uma tragicomédia vexaminosa!

– Lucas, nós estamos precisando oferecer espetáculos inesquecíveis! Nossas equipes precisam subir ao palco, dar um grande show e no final de cada cena ser ovacionadas pelo mercado, que vai aplaudir de pé. Sua empresa tem de ser reconhecida como única.

– Não consigo imaginar minha empresa como única em um mercado tão concorrido… Ah! Veja! Aqui é o almoxarifado. Esse é o nosso estoque de matérias-primas. Está fechado por questão de segurança, mas dá para você espiar aqui de fora.

– Lucas, é um novo jogo! – diz Jefferson com entusiasmo, correndo os olhos pelas prateleiras. – O jogo anterior assemelhava-se ao boliche. Os pinos eram arranjados ao final de uma pista e sobre eles lançava-se uma bola enorme, pesada. Era um jogo de tentativa e erro. O novo jogo se assemelha ao xadrez: o *pensar* antecede o *fazer*, e a cada novo lance o jogo muda. O plano inicial se altera para responder adequadamente a uma nova estratégia. O novo jogo exigirá mais esforço intelectual do que físico. Vai demandar uma mudança de modelo mental.

– Mudança de modelo mental, o que é isso? Vamos voltar para minha sala.

Na saída do galpão, Jefferson vê o relógio de ponto e o suporte metálico que abriga os cartões. Do lado direito, o extintor de incêndio. Do lado esquerdo, no quadro de avisos, um papel amarelado transcreve o artigo 482 da Consolidação das Leis do Trabalho (CLT).

– Lucas, quando se muda o jeito de ver as coisas, muda-se o jeito de fazer, e, quando se muda o jeito de fazer, mudam-se os resultados. Isso é mudança de modelo mental!

– Você acha que para mudar os resultados de minha empresa é preciso que eu faça mudanças em meu modelo mental?

– Como se faz para agir de maneira diferente? Pensando de maneira diferente. Mantendo a maneira de agir, você produz esses resultados que já conhece. Se você deseja outro tipo de resultado, então precisa adotar outro tipo de comportamento. A origem dos nossos comportamentos está em nosso modelo mental. Você já ouviu falar de metanoia?

– Meta... o quê? O que é isso?

– *Metanoia*! É desenvolver um pensamento superior sobre o mercado, os negócios, a empresa, o cliente, a liderança, a equipe. É entender que um negócio é uma maneira de contribuir para o mundo. Isso exige uma nova mentalidade. É expandir a consciência e ver a empresa de forma sistêmica, orgânica, viva, inteira, dotada de corpo, mente e alma.

– Você deve estar se referindo a mais um desses modismos que propõem mudanças organizacionais – comenta Lucas em tom de sarcasmo.

– De fato, essa conversa sobre mudança é antiga. Mudar, nesta nova era, é pouco. *Metanoia* é uma nova maneira de enxergar a realidade. É transformação. É livrar-se dos entulhos e liberar o espaço para o novo.

– Cada uma, hein?! E como conseguir essa transformação?

– Você tem dedicado tempo ao aprendizado, Lucas?

– Não tenho e nunca pensei nisso. Tenho aprendido muito com a prática. Eu toco de ouvido.

– Olhe, Lucas, também era assim comigo. Eu não tinha tempo para absolutamente mais nada a não ser *correr atrás do prejuízo*. Estava preso aos velhos paradigmas, e são eles que nos aprisionam.

Jefferson faz uma pausa como quem relembra, sem saudade, os reveses do passado. Olha firme para Lucas e pergunta:

– Lucas, qual é o propósito da sua empresa?

– Sobreviver, ganhar dinheiro, ser líder no mercado, sei lá!

– Lucas, transforme seu negócio, crie uma *empresa única*, algo de que você possa se orgulhar e em que se realize.

– Desculpe, não quero ser indelicado, mas não acredito nesse negócio de nova economia. A economia continua a mesma: os mais fortes engolem os mais fracos. Ouvi dizer que agora são os mais rápidos que engolem os mais lentos.

– Essa é uma maneira de pensar. Você pode acreditar nisso, se quiser. Mas pode, também, conhecer outras possibilidades. Faça uma *viagem* rumo ao conhecimento e à transformação. Você só tem a ganhar!

– Ganhar me interessa muito. Tenho colecionado muitos fracassos ultimamente. Mas a *viagem* que precisamos fazer chama-se *mangas arregaçadas*. É nisso que acredito!

– Esforço não é a mesma coisa que resultado. Se resolver fazer a *viagem*, ligue para mim.

Antes de sair, Jefferson dá uma última olhada na sala de Lucas: mesa abarrotada de papéis, pedidos aguardando aprovação, ordens de serviço, cheques a serem assinados, relatórios estatísticos.

– Preciso acertar com você o conserto do carro – lembra Lucas.

– Ah! Está bem. Trouxe o orçamento do conserto – Jefferson retira os papéis da pasta – O que mais importa é a oportunidade que tivemos de nos conhecer.

– Por que você está tão interessado em me ajudar?

– A *viagem* fará com que compreenda.

Com um sorriso, Jefferson se despede de Lucas. Na saída, Gregório revista seu carro, conforme o regulamento da empresa. Enquanto isso, Lucas volta para sua sala. Os problemas sobre a mesa pediam urgência e respostas.

SONHO E PESADELO

A conversa com Jefferson havia tomado boa parte da tarde de Lucas. Sua mesa está abarrotada de papéis, e no meio deles está a última versão de fluxo de caixa produzida por Aristides, que não pôde esperá-lo. Assusta-se. As projeções mostram números negativos, que indicam absorção completa dos fundos bancários. A impressão de Lucas é de que saíra de uma conversa no paraíso e estava de volta ao inferno. "Ora! Acho que aquele Jefferson vive nas nuvens. Ao vivo a coisa é muito pior!"

Assina os cheques, escolhe os pagamentos que deverão ser adiados e renegociados no dia seguinte, adianta algumas ordens de produção, anota providências que os gerentes devem tomar e respira fundo. "O Jefferson que me desculpe. Se eu esperar o lucro cair do céu, estarei quebrado antes do fim do ano. A teoria, na prática, é outra."

Olha o relógio. Já passa das oito da noite e resolve ir mais cedo para casa. Lá fora uma chuva miúda promete uma madrugada fria. Apesar dos problemas, faz tempo que Lucas não volta para casa com algo diferente para contar. Embora estranha, a conversa com Jefferson ia ao encontro da sua intuição, que dizia haver algo errado com a empresa. Gregório abre o portão, protegido pela capa de chuva. O mesmo olhar sinistro. Ele parece um personagem de um filme de Hitchcock prestes a cometer um crime, pensa Lucas a caminho de casa.

Quer compartilhar com Joana o que ouvira de Jefferson, mas ao estacionar o carro na garagem Lucas nota o silêncio e as luzes apagadas. "Será que Joana já está dormindo?" Entra com cuidado, acende a luz da sala e dirige-se ao quarto. Joana não está. Sobre o criado-mudo há uma folha de papel:

Lucas,

Há tempos tento falar com você sobre nosso relacionamento. Nas poucas horas que temos juntos, você está sempre cansado e sem vontade de conversar. Parece que qualquer assunto, afora sua empresa, é de pouco interesse para você.

Sinto-me só e não estou mais disposta a continuar a vida na espera e na solidão. Acho que mereço algo mais do que isso. Não gostaria de gastar tempo numa relação em que os dias se repetem sempre do mesmo jeito, sem o gosto da aventura, da conquista e do amor.
Se conseguir, seja feliz.

Joana

Lucas se apoia na parede. Por essa ele não esperava. Sente a secura na garganta e procura alguma bebida. Esparrama-se no sofá da sala. Olha o porta-retratos sobre a estante. A foto mostra os dois juntos na última viagem de férias, há muito anos.

Um velho filme passa pela cabeça de Lucas: as reclamações, as reivindicações, os apelos quase em forma de súplica de Joana. Tudo isso sempre o aborrecera, afinal, não deixava faltar nada em casa. Reduziram os gastos nos últimos meses, e daí? Possuíam um bom padrão de consumo e levavam uma vida abastada. Gostaria de compreender melhor os sentimentos de Joana.

Joana era sensível, criativa e generosa. Queria sempre dividir os problemas, ajudar, ser uma parceira na dor e no amor. Preocupava-se com a saúde de Lucas e ressentia-se ao ver que ele se deixava engolir pela crise profissional pela qual passava. Fazia tempo que Lucas não conversava com Joana. Conversar para valer, por inteiro, de coração para coração.

Lucas liga a TV automaticamente, sem prestar atenção no que vê, entorpecendo-se com as imagens e o som. Muda os canais, pensativo. Desliga a TV. Sabe que dessa vez não adiantaria ir atrás de Joana com suas velhas promessas. Precisa de outro tipo de providência, uma mudança, mais que isso, uma ruptura, uma transformação, uma..." Como era mesmo o nome? *Metanoia*!"

Desconsolado, prefere deixar essas questões para o dia seguinte. Agora precisa tentar compreender o que está acontecendo com sua vida. Será que tudo é decorrente da crise da empresa?

Sente frio. Faz tempo que Lucas não conversa com seu coração. Há tempos também não reza. Nessa noite conversa com seu coração enquanto reza...

EMPRESA SEM VIDA

– Bom dia a todos. É bom vê-los juntos e no horário combinado – diz Lucas, tentando disfarçar a noite de insônia e os sentimentos de abandono e rejeição causados pelo afastamento de Joana.

– Todos estão ansiosos pelas últimas notícias – adianta-se Luiz Olavo, com desânimo, por já conhecer o final da história.

– Faz tempo que não fazemos uma reunião com todos. Precisamos deixá-los a par dos acontecimentos. Perdemos a conta do nosso principal cliente. O fechamento do contrato nos colocaria em uma situação privilegiada, mas isso não aconteceu. Agora teremos de tomar algumas decisões impactantes.

– As expectativas de faturamento não são boas – diz Tavares, olhando o visor do celular, que registra uma chamada. – A concorrência está jogando pesado nas condições comerciais de preços e prazos. Está cada dia mais difícil fazer boas vendas. Nossos vendedores estão tendo dificuldades até em fazer contato com os compradores dos nossos clientes.

– Os estoques, tanto de matérias-primas quanto de produtos acabados, estão elevados. Vamos ter que dar férias coletivas aos funcionários – completa Ferreira.

– Tudo isso cria um clima de desmotivação na empresa. As pessoas estão receosas de perder o emprego – comenta Soraia, preocupada com as decisões que poderão ser tomadas.

– Não tenho dúvida de que teremos de demitir novamente – afirma com veemência Luiz Olavo. – O raciocínio é simples: se não temos faturamento suficiente, não atingimos nosso ponto de equilíbrio. Então é necessário baixar o ponto de equilíbrio, e isso só acontece com o corte nas despesas.

– Outra vez... – sussurra Soraia com desânimo.

Lucas não esperava algo diferente disso. A notícia da perda do contrato só fez aumentar ainda mais o desalento que já tomava conta da Firec. Embora sinta um peso no peito, tenta arejar o ambiente.

– Será que não existe nada mais criativo a fazer? – desafia. – Gostaria de comentar com vocês um encontro que tive. Conheci um empresário chamado Jefferson que me disse coisas interessantes: que estamos em uma nova economia, que o jogo agora é outro, que é preciso transformar nossa empresa em uma *empresa única* e que...

– Lucas, pelo amor de Deus, isso tudo é blá-blá-blá, não se deixe influenciar. O que existe no mercado é disputa! O mercado é uma briga de foice, é um jogo em que você entra para ganhar ou para perder! É um duelo! – brada Luiz Olavo, irritado, e sai da sala para atender uma chamada do celular.

A reunião se dispersa em comentários paralelos e é retomada tão logo Luiz Olavo volta à sala.

– Sinto-me na obrigação de concordar com Luiz Olavo – Tavares comenta no seu estilo professoral e acende um cigarro. – O mercado está muito concorrido, precisamos criar novos arranjos negociais, talvez um evento convidando nossos clientes. Temos que agraciá-los de alguma forma, arrancá-los da concorrência.

– Não sei se é isso que temos que fazer, afinal estamos sem nenhuma verba para gastos de qualquer natureza. Mas também concordo com Luiz Olavo – acrescenta Aristides. – Precisamos de papel para transformar em dinheiro. Essa é a linguagem dos bancos e dos credores... E a minha também.

– Desde que me conheço por gente sei que o mercado funciona assim – comenta Ferreira. – Luiz Olavo aprendeu muito bem com seu pai. O mercado é um verdadeiro campo de batalha.

Novo burburinho e conversas paralelas. Todos querem falar ao mesmo tempo.

– Senhores, pensem um pouco – Lucas tenta ser comedido. – Não adianta querer vencer o jogo errado, e é isso que estamos insistindo em fazer o tempo todo. O que estamos fazendo de diferente? – Lucas reproduz os argumentos de Jefferson. – Lucro não é mais receita e menos despesas. Transformar matéria-prima em produtos acabados não dá mais dinheiro...

– Chefe, o senhor está passando bem? – ironiza Aristides, servindo um copo d'água a Lucas.

Lucas continua, apesar da provocação:

– Precisamos nos tornar uma empresa única. O que temos de diferente dos concorrentes? Respondam! Prejuízo é a vaia que recebemos dos nossos clientes por não trabalhar direito. Estamos sendo vaiados há três meses e nada fizemos. Estamos dormindo no ponto. Precisamos mudar o jeito de pensar! Precisamos mudar o nosso jeito de fazer!

– Clichês, clichês e mais clichês – interrompe Luiz Olavo. – Esse tal de Jefferson está colocando minhoca na sua cabeça. Lucas, você sabe muito bem o que gera resultado em uma empresa. Conhecemos os caminhos.

– Isso tudo é conversa para boi dormir – acrescenta Tavares, apoiando Luiz Olavo.

– Vocês têm razão, eu não tenho certeza de nada, mas sinto que há algo errado no nosso modo de trabalhar. Talvez pudéssemos discutir um pouco mais esses conceitos...

Lucas é interrompido por Luiz Olavo, que pede a atenção de todos.

– Gostaria de pedir ao Aristides que fizesse as projeções financeiras para calcularmos o percentual de corte das despesas fixas. E quero conversar com o Tavares sobre algumas estratégias *inteligentes* de negociação com os compradores dos nossos clientes. É assim que as coisas funcionam! Voltamos amanhã de manhã para decidir sobre o futuro da nossa empresa. Agora preciso ir. Estou sendo esperado na minha sala.

Ferreira sai com Luiz Olavo. Lucas, impotente diante da situação, lança um olhar desanimado em torno. Tavares também sai. O silêncio toma conta da sala até que Soraia se aproxima.

– Lucas, o que você disse faz algum sentido para mim. Também não consigo compreender muito bem, mas sei que precisamos reconstruir a empresa. Ela está sem vida...

Soraia põe a mão no ombro de Lucas num gesto solidário e sai. Aristides permanece na sala, somando números em sua calculadora.

MEDO DO SUCESSO

Aristides sempre sonhou em ter o próprio negócio. Ansiava ser dono de seu nariz, não precisar prestar contas a ninguém, fazer seu horário de trabalho, enfim, ser independente.

Perto de completar 30 anos, ele resolveu abrir uma pequena fábrica de chocolates. Foi o início de um pesadelo que durou cinco anos. O sonho de empreender não era assim tão colorido, e seu nariz estava longe de pertencer apenas a si mesmo. Não havia chefe a quem prestar obediência, mas precisava atender às necessidades dos clientes e, para chegar a eles, tinha de atender também às demandas dos distribuidores e representantes. As exigências do mercado eram mais severas que as ordens de um chefe autoritário.

Por outro lado, a compra de matérias-primas também não acontecia de forma natural. Os fornecedores não deixavam por menos, sobretudo os organizados em cartéis. Davam as cartas no mercado e decidiam segundo as condições comerciais que julgassem convenientes.

Como se não bastasse, não era fácil honrar a folha de pagamentos, cheia de encargos sociais e trabalhistas, principalmente no verão, quando as vendas de chocolate caíam vertiginosamente.

O pior de tudo, para Aristides, era fazer frente à enorme carga tributária imposta pelo governo. Foi o que, em sua opinião, inviabilizou o negócio. Era muito difícil garantir algum lucro com tantos impostos.

Com o rabo entre as pernas, ele resolveu encerrar as atividades de empresário depois de muita labuta. Respirou fundo e decidiu retornar ao mercado de trabalho.

"Empreender, nunca mais!", diz com veemência sempre que conta sua história. "No Brasil, é coisa de louco. É impossível ser empresário aqui. Quero saber quem consegue viabilizar seu negócio sem sonegar impostos. Duvido que consiga!"

Depois dessa experiência, resolveu cursar Direito Tributário. Debruça-se sobre o emaranhado de leis e tenta encontrar subterfúgios para reduzir o peso dos tributos. E assim tem feito de emprego em emprego. Já trabalhou em empresas de auditoria e em organizações contábeis. Acertou o pé nesse último emprego. Há quase sete anos Aristides tenta acompanhar a velocidade de trabalho e as demandas de Lucas e Luiz Olavo. Está feliz em sua zona de conforto e torce para não chacoalharem o barco nem fazerem marola.

Talvez, no fundo, Aristides tenha um medo contido do próprio sucesso e de suas repercussões. Em seu íntimo, sabe que o sucesso nunca vem só, traz consigo responsabilidades pelo futuro. Sabota inconscientemente seus esforços, ainda que suas justificativas recaiam sobre outros fatores.

Enquanto acende mais um cigarro, namora o retrato da família sobre a mesa de trabalho, ao lado do grampeador que o acompanha há mais de vinte anos. E assim vai levando a vida.

PRECISA SER ASSIM?

Sete horas e quarenta e cinco minutos. Faltam quinze minutos para o início da reunião que vai definir os rumos da Firec. Enquanto Lucas estaciona o carro, pensa no que poderia fazer para mudar o foco desse encontro. Conversara com Jefferson e, embora os questionamentos fossem muitos e poucas as respostas, Lucas não quer que as velhas providências se repitam. Ele já conhece as consequências a curto, médio e longo prazos: alívio momentâneo de caixa seguido do moral baixo dos funcionários devido à demissão de colegas. Com menos pessoas sobra mais trabalho, a produtividade cai, a qualidade também, os clientes ficam insatisfeitos, os resultados decepcionam, os problemas financeiros voltam. "Esta reunião precisa ser diferente de todas as outras", pensa Lucas. "Não podemos nos repetir. Precisamos usar nossa imaginação e nossa criatividade."

Aristides é o primeiro a chegar. Liga seu notebook ao mesmo tempo que examina relatórios econômico-financeiros e assinala alguns números. Havia trabalhado horas tentando organizar as informações pedidas por Lucas e Luiz Olavo.

Tavares vem logo depois. Cumprimenta Aristides e começa a ler o jornal que está sobre a mesa. Comenta a crise na economia mundial, as repercussões no mercado latino-americano, as oscilações na balança comercial brasileira e as expectativas de crescimento econômico para o país nos próximos doze meses. Luiz Olavo, fora da sala, fala ao celular. Soraia aparece em seguida. Seu rosto expressa o desalento de quem sabe o que vai acontecer. Lucas entra e dá um bom-dia a todos. Tenta passar otimismo para quebrar o mal-estar que toma conta do ambiente.

Ferreira senta-se ao lado de Luiz Olavo, que inicia a reunião.

– Pois bem, precisamos tomar as decisões mais inteligentes para que a Firec volte a uma situação de lucro e crescimento.

Aristides fornece as informações que compilou:

– Nosso faturamento sofreu uma queda de 30% por causa de problemas anteriores e, agora, ainda mais, pela perda de nosso principal cliente. Isso significa um corte nas despesas fixas da ordem de 22% nestes primeiros três meses. Se as vendas não reagirem, teremos de fazer novos cortes no próximo semestre.

Enquanto fala, Aristides mostra um gráfico em que a curva da receita sofre declínio acentuado ao passo que as curvas das despesas variáveis e fixas crescem inversamente às receitas.

– Como disse na reunião de ontem, o mercado não nos prepara boas surpresas. É melhor nos garantirmos e enxugar o que pudermos – acrescenta Tavares.

Lucas resolve intervir:

– Estamos discutindo cifras. Gostaria que algum de vocês respondesse à seguinte pergunta: qual é o propósito da Firec?

– Sair viva desta! – responde Aristides mais do que depressa.

– Recuperar a posição que tínhamos no passado – acrescenta Ferreira.

– Ser líder de mercado – declara Tavares.

– Voltar a ganhar dinheiro – conclui Luiz Olavo. – Mas aonde você quer chegar com isso? Como pode ver, todos sabemos, *mais ou menos*, qual é o propósito da nossa empresa.

– Aí é que está! – Lucas afirma com veemência. – Cada um respondeu da forma que entende. As respostas não são iguais e tratam do passado. Nenhuma está orientada para o futuro. Estamos querendo corrigir o passado em vez de construir o futuro.

– O que Lucas está tentando dizer – intervém Soraia, prevendo os contrapontos que virão em seguida – é que as soluções propostas são paliativas e não reconstroem a empresa.

– O que reconstrói a empresa tem nome: resultados! – interrompe Luiz Olavo. – E eles acontecem quando as receitas aumentam. Quando isso não é possível, diminuem-se as despesas. Simples! E é isso que Aristides está propondo e com o que estou de pleno acordo.

Lucas insiste:

– Temos aí dois grandes problemas. O primeiro é que cada um tem uma imagem diferente do propósito da Firec, e o segundo é que nenhuma delas leva ao sucesso. Nós não temos propósitos promissores. Se não criarmos uma imagem comum, será muito difícil concretizá-la na prática.

– Na prática, o que conta é bola na rede. – Luiz Olavo começa a dar mostras de impaciência.

– É isso aí – corrobora Tavares –, precisamos ganhar este jogo de goleada.

– Mas qual é o jogo?

A pergunta de Lucas paira no ar diante da indiferença de todos. Ele ainda tenta dizer algo, mas acha o ambiente pouco receptivo. Quer propor algo diferente, mas não se sente muito firme em sua fé.

"Afinal", pensa, "talvez o jogo seja esse mesmo, e essas coisas de *empresa única, nova economia, líder educador* sejam pura balela."

Enquanto isso, os gerentes fazem contas, sugerem redução e controle dos custos e despesas, fortalecem os critérios que estabelecem as alçadas de gastos, propõem alternativas para compra de materiais mais baratos, novas opções de economias fiscais e também de recontratação dos funcionários, de modo a permitir a redução nos custos dos encargos sociais e trabalhistas.

Depois de algumas simulações feitas por Aristides no computador, todos examinam as novas projeções financeiras que, aparentemente, resolveriam o problema, desde que fossem seguidas à risca. Em meio a xícaras de café, o grupo parece ter definido o que seria o futuro da Firec.

No final, Tavares elogia Aristides pelo primor das peças orçamentárias e pela organização de informações tão relevantes. Lembra que, sem elas, teria sido impossível criar um plano tão ambicioso.

Ferreira volta a seu posto de trabalho como se nada tivesse acontecido. Parece ter acabado de assistir a um filme já visto.

Soraia, antes de sair, dirige um olhar desapontado para Lucas, como se esperasse mais dele.

Canetas e rascunhos sobre a mesa, vários copos e xícaras, papéis de bala – Lucas olha tudo, desaminado. Luiz Olavo espera que todos saiam.

– E aí, meu velho, o que há com você? – pergunta, percebendo o estado pensativo de Lucas.

– Sabe, Luiz Olavo, estou aqui pensando no que de fato nos une nesta sociedade por todo esse tempo.

– Vontade de vencer, Lucas, é isso que sempre nos uniu.

– Vencer o quê? – questiona Lucas, atônito.

– Ah! Lá vem você – resmunga Luiz Olavo. – Muito bem, Lucas, quais são as novas?

– Estava pensando que tivemos origem e educação diferentes e uma história em comum. É verdade que nesses últimos quinze anos conquistamos um patrimônio razoável. Considerando minha origem, tive uma invejável mobilidade econômica e social. Eu não tenho antecedentes empreendedores na família. Meu pai trabalhou durante toda a vida como empregado em uma única empresa. Morreu pobre, sem ter tido condições de conquistar ao menos uma boa aposentadoria. Você, por sua vez, é filho de empresário e está acostumado com o jogo competitivo do mercado.

– E daí? – pergunta Luiz Olavo, demonstrando impaciência.

– Diante dessas histórias de vida tão diferentes, existe algo em comum nas nossas trajetórias. Eu não me orgulhava da vida que meu pai teve. As conversas nos almoços de domingo giravam sempre em torno das ameaças ao emprego, das cabeças que rolariam na semana seguinte, dos arrochos salariais e apertos financeiros. O medo e a ansiedade tomavam lugar à mesa repetitivamente nessas refeições de fim de semana. Você também não se orgulhava da vida que seu pai, empresário bem-sucedido, levava, como muitas vezes me contou.

Luiz Olavo ouvia agora com mais atenção.

– Viagens de negócios, longas ausências, novas oportunidades e novos empreendimentos, que significavam novas longas ausências. Os almoços de domingo em sua casa, com ou sem a presença de seu pai, eram regados a sentimentos de abandono e rejeição.

Luiz Olavo engole em seco. "Aonde será que o Lucas quer chegar com todas essas lembranças?"

– A velha fórmula se repete, Luiz Olavo. É como a letra daquela canção: "Ainda somos os mesmos e vivemos como os nossos pais."

Luiz Olavo não havia pensado nisso.

– Mas e daí? Aonde você pretende chegar?

– A uma pergunta que tem me perseguido nos últimos dias: Precisa ser assim?

UM NOVO AMANHECER

Lucas remexe-se na cama. O lado esquerdo está vazio, sente falta de Joana. Nem ao menos pode compartilhar o que vem passando nesses últimos dias: a perda do principal cliente, o encontro com Jefferson, as agruras de cada dia... Sente-se só. Sabe que Joana está na casa da mãe, no interior, mas prefere não fazer contato enquanto não tiver algo de novo, que acene com uma nova vida. Quer fazer uma surpresa, contar uma boa-nova, prestar homenagem, um alento qualquer para reavivar o relacionamento deteriorado.

Olha o relógio: quase dez da manhã. A insônia, em boa parte da noite, fez com que adiasse o sono para a manhã. Está sem ânimo. Fracassara no seu intento. Nada havia de inovador nas decisões tomadas no dia anterior.

Precisa ir à empresa, mas está sem vontade. Estira-se na poltrona da sala, prostrado. O castelo que havia construído nos últimos quinze anos está desmoronando. O que faria com suas ambições? O desejo de ver a Firec líder, a glória de tornar-se o empresário do ano, a riqueza e tudo o que ela oferece, as portas que se abrem em nome da fama, o status e o reconhecimento de profissionais e amigos, os afagos e os afetos. Ao contrário do que planejara, todos esses desejos se tornaram distantes.

"Acorde, Lucas! Não se deixe derrotar!", tentava se animar. "Você não pode desistir. Precisa provar aos outros que é possível!"

"Jefferson! Onde está o número do telefone do Jefferson?", procura apressado entre os papéis sobre a escrivaninha. "Ele disse que eu poderia ligar caso precisasse." Acha o número e pega o telefone.

– Alô, Jefferson, aqui é o Lucas.

– Esperava sua ligação – diz Jefferson, acolhedor.

– Como você sabia que eu ligaria?

– Não existe saída no *ciclo da sobrevivência*. O máximo que uma empresa consegue no *ciclo da sobrevivência* é... sobreviver!

Jefferson falava como se soubesse o que havia acontecido na reunião da Firec.

– Explique isso melhor. – Lucas puxa um papel para fazer anotações.

– Ora, trata-se de um ciclo vicioso em que sobreviver é o maior propósito. O mundo da sobrevivência é um mundo de escassez, pois acredita-se que não existe o suficiente para todos. Não tem para todo mundo, e o que tem é de quem chega primeiro. Daí a competição que vai se acirrando a cada dia até se transformar em predatória, quando um pisa no pescoço do outro para conseguir o que deseja. Também se aposta mais no passarinho que está à mão, e o mecanismo do controle garante o que foi tão arduamente adquirido. Nada pode ser perdido nem desperdiçado e a conquista deve ser guardada a sete chaves. A busca de segurança faz com que a fórmula que deu certo se repita. E a repetição assegura a sobrevivência, fechando o ciclo. Compreendeu?

Enquanto Jefferson falava, Lucas rabiscava um esquema gráfico.

– Isso está fazendo muito sentido para mim! – exclama Lucas. – A Firec vive nesse *ciclo da sobrevivência*. Acreditamos que o mar não está para peixe e que alguns ficarão sem peixe. Por isso precisamos disputar com unhas e dentes o pouco que existe. Fazemos qualquer negócio para conseguir um pedido e controlamos tudo para garantir o mínimo de resultado em cada venda. E, quando acertamos, normatizamos o processo para repetir a fórmula que deu certo. É isso que eu tentei dizer a todos na reunião!

   Jefferson havia acertado na mosca. Lucas reconhece que a Firec passava pelo *ciclo da sobrevivência*. O desafio para Lucas agora está claro: precisava romper o ciclo vicioso.

   – Jefferson, e daí? Como saio dessa?

   – Optando pelo *ciclo da prosperidade*.

   – Prosperidade... Entendi! É mais do que apenas sobreviver. Fale mais sobre esse ciclo. – Ele puxa outra folha para fazer anotações.

   – Enquanto o ciclo da sobrevivência trata de probabilidades, o *ciclo da prosperidade* trata de *possibilidades*, ou seja, acredita num mundo de *abundância* onde tudo é possível. Quando o pensamento está na abundância, não há necessidade de competir. O sol nasce para todos, a solidariedade toma o espaço do egoísmo. Mentes e corações estão abertos à cooperação, surgem parcerias. O controle é substituído pelo risco, parte integrante da função empreendedora. Se há disposição para o risco, há também grandes chances de criar e inovar em vez de repetir. A inovação completa o *ciclo da prosperidade*.

Lucas olha a ilustração que rascunhou no papel.

   – É isso, Jefferson. – Lucas está em êxtase. – É esse o ciclo que estou procurando.

Lucas agora esboça um novo gráfico, que sintetiza os dois anteriores.

– Se entendi bem, a sobrevivência dá lugar à possibilidade; a crença na escassez é substituída pela crença na abundância; a competição cede espaço à cooperação; faz-se a opção pelo risco em vez do controle; e a inovação, geradora dos melhores resultados, substitui a repetição, que gera os mesmos resultados. É isso?

– Você é um excelente aprendiz, Lucas.

– Quero colocar a Firec no *ciclo da prosperidade*. Fale-me de novo daquela tal *viagem*...

– É a *viagem do conhecimento e da transformação*. Você deve se encontrar com algumas pessoas. Anote o endereço e o telefone da primeira. Ela já está à sua espera. Boa viagem!

UNIVERSO DE POSSIBILIDADES

As pistas da Rodovia dos Imigrantes estão molhadas na manhã fria e chuvosa. Antes de entrar na cidade de Diadema, Lucas confere os dados da pessoa que Jefferson lhe indicara e logo avista a sede de sua empresa, que ocupa uma área de 15 mil metros quadrados.

Nilson o espera. Depois das apresentações, dos cumprimentos e das amenidades, ele comenta:

– Tenho tido sucesso em meu negócio, Lucas. Mas não foi sempre assim. Ele começou quando descobri onde estava o resultado.

– Então me conte. É tudo o que quero saber.

Nilson é um empresário de bom astral, fácil relacionamento e conversa agradável. Consegue transmitir o entusiasmo que sente por seu trabalho ao falar dele.

– Aqui na empresa só estão os problemas e os custos. O resultado está lá fora: no mercado, no cliente, no futuro! E é onde passo a maior parte do tempo. Lá fora… e no futuro!

O comentário cala fundo. Lucas lembra-se da última reunião na empresa. Quem de seu grupo falara em mercado e cliente? Ainda assim, ele tenta argumentar:

– Do jeito que você fala, parece simples. O fato concreto é que temos uma porção de coisas para fazer no dia a dia. Temos problemas a cada instante e talvez precisemos tomar centenas de decisões num só dia de trabalho.

Nilson sorri como se compreendesse a situação de Lucas.

– Atendemos cerca de trezentas empresas. Nosso negócio é oferecer soluções e atender às necessidades relacionadas às áreas de cerâmica, vidro e metalurgia. Estamos sempre atentos aos problemas e às demandas dos nossos clientes. Mas não foi sempre assim. Também ficávamos presos no emaranhado dos problemas diários.

Lucas interrompe a conversa para atender o celular.

– Desculpe, vou deixá-lo no silencioso. Nilson sorri e retoma a conversa:

– Um dia me dei conta de uma questão óbvia: afinal, para que existimos como empresas? Não é para servir os clientes? A nossa função, como negócio, é prever e providenciar soluções.

– E pagar as contas – provoca Lucas.

– Você pode administrar sua empresa com as lentes do passado ou com os olhos no futuro. Você escolhe!

– Como é administrar com os olhos no futuro?

– Decidimos com base em cenários construídos mediante informações que recolhemos no ambiente externo. É preciso explorar os ambientes próximos ao seu negócio. Por exemplo: no negócio da construção civil é importante analisar o ambiente econômico que determina políticas de juros e de crédito; no negócio de confecção é importante estar atento às tendências da moda; no ramo de alimentos é preciso conhecer os hábitos de consumo e as tendências relacionadas à nutrição e à saúde.

– Acho difícil adivinhar as tendências.

– Não se trata de adivinhação. A prática de construção de cenários é, sobretudo, um exercício de imaginação. E é disso que estamos tratando. Precisamos construir um enredo que faça algum sentido para nós.

– Entendi. É como imaginar uma história futura.

– Isso mesmo! Essa história é uma imagem do que acreditamos ser o futuro do nosso negócio. Nesse enredo ou nessa história tentaremos vislumbrar como vão atuar nossos clientes e concorrentes e como deveremos posicionar nosso negócio diante desse contexto.

– O objetivo é tentar prever o que pode acontecer.

– Mais do que isso, Lucas. O objetivo é explorar as possibilidades e, em face das melhores alternativas, fazer acontecer. Diante desse enredo, fazemos nossas apostas: quais produtos devem ser lançados, quais serão substituídos, o que o cliente vai valorizar, quais serviços serão agregados, se devemos ou não construir uma nova sede, se vale a pena abrir filiais, se o modelo de franquia é, de fato, o mais adequado para nosso negócio etc., etc.

Lucas parece frustrado diante da pouca racionalidade do exercício. Nilson retoma as explicações, e ele espia a nova chamada anunciada no visor do celular.

– A grande vantagem dessa prática é manter a equipe ligada nesse universo de possibilidades. O exercício mexe com a curiosidade das pessoas, e essa é a primeira instância da criatividade. A partir daí, é um trabalho de garimpagem, de aproveitamento de oportunidades e de busca de resultados. Esta é a essência do comportamento empreendedor: ler nas entrelinhas e enxergar o que nem todos conseguem. O exercício de construção de cenários faz com que a chama do empreendedorismo se mantenha permanentemente acesa.

– Entendi! O truque está em ler nas entrelinhas – diz Lucas –, mas isso funciona quando se tem uma equipe criativa.

– As equipes são criativas. Só que boa parte das empresas cai na armadilha do ciclo vicioso da burocracia e da repetição.

– Isso é o que está acontecendo com a minha empresa – afirma Lucas, lembrando-se do *ciclo da sobrevivência*.

Seu telefone celular volta a vibrar, anunciando uma nova chamada. Nilson prossegue:

– O exercício funciona assim: no início, um oceano repleto de oportunidades; em seguida, um mar sem pistas; a partir daí, surge uma ilha promissora. Nessa ilha poderá ser encontrado um baú repleto de joias ou… um baú de fundo falso.

– Entendi a analogia e entendi também que o risco está presente nesse exercício de construção de cenários e de investigação de oportunidades.

– O risco é inerente ao exercício de empreender. Para o empreendedor, o futuro é um lugar onde tudo é possível, independentemente dos obstáculos do presente. Mas ninguém disse até agora que construir cenários elimina as incertezas. Nunca se sabe, ao certo, o que os clientes desejam e como atua a concorrência. Por mais que tentemos, não somos capazes de controlar o mercado e os clientes. Com alguma sorte, conseguimos monitorá-los.

– Parece um jogo de azar...

– De certa forma, é um jogo. No cenário, colocamos a empresa em uma realidade virtual, e isso nos permite fazer apostas. É preciso estar preparado para dar o melhor lance. Somente quando o passarinho em voo nos parece atraente é que topamos soltar o que está nas mãos. Mas para isso é preciso estar atento aos passarinhos em voo e sentir atração por eles. Aí está a importância de aprender a ver de forma diferente. O contrário disso é a otimização do que já existe, é a melhoria contínua, é a persistência em querer extrair resultados de um negócio que, muitas vezes, está ultrapassado ou no limite.

– A Firec não é assim. Acho que terei muitas dificuldades em adotar essa prática lá. Todos passam o dia correndo de lá para cá. Não há mais tempo para nada.

– Isso acontece com muitas empresas. Não existem mais sonhos, as pessoas não conseguem imaginar o futuro e também não acreditam que esse exercício de imaginação seja importante. Sobrecarregadas e preocupadas em pagar as contas, não sobra espaço para a inspiração. Nada instiga a curiosidade e a criatividade das pessoas.

– O dia a dia é muito bruto! O cliente não espera, o fornecedor não espera, o banco não espera. Não existe lugar para filosofia na empresa. Não sei como você consegue... – Lucas percebe que seu celular recebe nova ligação.

– Como disse, é uma questão de opção: é melhor gerenciar numeradores que gerenciar denominadores. Olhar para fora e para o futuro é apenas uma parte do que deve ser feito. Você precisa se convencer de que não existem soluções geniais na sua mesa de trabalho. Dali você não conseguirá avistar nada de inusitado. Em sua sala e na sua mesa de trabalho existem paradigmas convincentes recomendando a repetição. A maior parte das oportunidades não pode ser vista de onde você está sentado. É preciso buscar novas experiências, relacionar-se com outras pessoas, estar disposto a aprender.

Embora reticente, Lucas dá a mão à palmatória. De fato, tem sido um dirigente de empresa escravo da rotina.

– Aí está o desafio! E aí está a importância dessa prática. Livrar-se, pelo menos mentalmente, dessa crise diária pouco inspiradora. Pôr em xeque os velhos e rotos paradigmas. E descobrir que nós não somos limitados pelo mercado, e sim pela falta de imaginação. Sempre haverá mercado para a empresa única e criativa que, com as boas ideias de sua equipe, consegue se destacar entre as demais – finaliza Nilson.

– Se essa é apenas uma parte do que precisa ser feito, o que vem depois? – Lucas mais uma vez é interrompido pela vibração do celular.

– Concentração, Lucas, concentração em um foco específico. Mas antes gostaria de contar-lhe um pequeno diálogo que um discípulo teve com seu mestre:

"'Mestre, o que é zen?', pergunta o discípulo.

'É comer quando você come, trabalhar quando você trabalha e descansar quando descansa', responde o mestre.

'Mas, mestre, isso é tão simples.'

'Sim, mas muito poucas pessoas são capazes de fazer isso.'"

Lucas procura apreender a lição.

– Se você quiser tirar o máximo proveito desses encontros, mantenha-se concentrado – recomenda Nilson. – Fazer quatro coisas ao mesmo tempo significa não colocar paixão em nenhuma delas.

Lucas enrubesce quando o celular o chama pela última vez antes que decida desligá-lo. Havia entendido a mensagem.

– Reflita, também, sobre tudo o que ouviu. Relacione isso com a conversa que você teve com o Jefferson e com as que ainda virão. Pense em como poderia introduzir esses preceitos e essas práticas em sua empresa. Quando chegar em casa ou à empresa, faça anotações. Crie seu plano.

Nilson rabisca um bilhete.

– Aqui estão o nome e o endereço de seu próximo contato. Com ele você vai aprender ainda mais sobre foco e concentração... nos negócios. Boa sorte!

PEIXES E AQUÁRIOS

Marcos está contemplando seu aquário quando Lucas entra na sala.

– Então você é o Lucas! Muito prazer, sou o Marcos... Olhe só: peixes, corais duros, corais moles, rochas vivas, algas... Tenho peixes do Pacífico, da Indonésia, do Mar Vermelho, das Ilhas Fiji... Você pode ter visto outros aquários, mas este aqui é diferente de todos eles.

Marcos fala com entusiasmo. Ama o mar. E ter aquele pequeno pedaço de oceano em sua sala é como estar próximo ao mar.

– Não entendo nada de aquários... – comenta Lucas, mostrando interesse, e, dessa vez, deixa o celular desligado. – Fale mais sobre eles.

– Lucas, não existe um aquário igual a outro, os arranjos das rochas e dos corais, os peixes de várias espécies e colorações, as algas, a luz, a água, tudo isso faz com que este aquário seja único. Assim como deveriam ser as nossas empresas: únicas!

Marcos é sucessor na empresa fundada por seu pai. Jovem ainda, demonstra segurança na maneira de se expressar.

– Lucas, as empresas lutam, batalham, debatem-se de um lado para outro em um esforço imenso para ser iguais. E o que ganham com isso? Perda de competitividade e de rentabilidade. Em outras palavras: baixos resultados.

– É o que está acontecendo na minha empresa...

– Ser uma *empresa única* não significa ser a maior ou a melhor. Significa ser diferenciada aos olhos dos clientes pelo foco que adotou.

– Mas isso é muito difícil de conseguir. Como se diferenciar, se todas as empresas do setor possuem os mesmos fornecedores e os mesmos clientes? – questiona Lucas, servindo-se da água sobre a mesa.

– Veja nosso caso. Fabricamos banheiras de hidromassagem. Não tínhamos um foco definido. Queríamos distribuir para qualquer tipo de loja, atuar por intermédio de representantes, pensamos até em ter lojas próprias, entre outras coisas. Descobrimos que o nosso foco é o consumidor que em geral tem família, duas casas (uma para morar, outra para o lazer, no campo ou na praia), viaja, lê revistas e jornais, frequenta cinema e teatro, preocupa-se com a saúde... É mais fácil decidir e escolher as melhores estratégias, quando você reconhece o cliente que faz parte do seu foco. Você pode localizá-lo, estabelecer uma comunicação com ele, compreender suas necessidades...

– Isso tem a ver com a conversa sobre *cenários* que tive com o Nilson? – pergunta Lucas, tentando estabelecer uma relação.

– Sem dúvida, o foco é uma parte do cenário e é onde se encontram os nossos clientes. Veja este exemplo: a cidade de Campos do Jordão recebe no meio do ano cerca de 130 mil turistas, 70% deles provenientes da capital. Desse total, 73% possuem as características do nosso foco. Com base nessa informação, fizemos um evento em um badalado hotel da cidade para demonstrar nossos produtos. Foi uma ação *focada* e inteligente e menos dispendiosa do que os anúncios que publicávamos em jornais fora do gosto e da preferência de nossos clientes.

Embora desconfiado, Lucas anima-se com o exemplo e pede a Marcos que fale mais sobre a utilização do conceito de foco.

– Quando você se relaciona diretamente com seu foco, pode interagir mais com o cliente, e ele pode sugerir modificações importantes no produto. Você deixa de trabalhar por pressupostos e passa a considerar o que o cliente valoriza de fato. Muitas pessoas aqui em nossa empresa e mesmo na concorrência acreditam que o cliente quer um produto mais barato. Por isso reduzem o número de jatos de água das banheiras e duchas. Nosso cliente quer justamente o contrário, ou seja, conforto, prazer e a delícia de um bom banho. E paga por isso...

– Ou seja, quando defino o foco, sei com quem conversar e as minhas chances de acertar aumentam. É isso?

– Mais que isso! Quando se conhece o foco, todos na empresa canalizam suas atenções e seus esforços naquela direção. Deixamos de perder tempo com bobagens que não trazem resultados e concentramos a imaginação no que interessa. O foco permite acertar na mosca! – acrescenta Marcos, entusiasmado.

– Compreendi. Depois de definir o foco, sei com quem vou me comunicar e me relacionar – completa Lucas.

– Sem dúvida! Trazemos clientes à fábrica para dar sugestões e fazer críticas aos produtos ou serviços que oferecemos. Buscamos clientes satisfeitos e também convidamos os insatisfeitos que constam do nosso cadastro de reclamações. E convidamos formadores de opinião, como os arquitetos, em nosso caso.

– O que fazer quando a equipe de vendas insiste em não atuar no foco? – pergunta Lucas, antecipando a provável resistência de Tavares.

– O foco é escolhido com base em um cenário construído em equipe. Não se trata de um desejo pessoal nem de uma opção sem critérios. É aí também, Lucas, que entra a função do líder educador. A equipe de vendas precisa aprender sobre a importância do foco, sobre os motivos da escolha e sobre os ganhos decorrentes dessa escolha.

– E se o foco escolhido não garantir os ganhos necessários?

– Ao escolher o foco, deve-se também considerar a lucratividade. Tenho notado, Lucas, que os clientes estão dispostos a pagar mais, quando compreendemos seus reais problemas e nos dispomos a resolvê-los por inteiro.

– Na prática, o que vejo são pedidos de redução nos preços e descontos...

– É possível. O cliente quer pagar pelo benefício ou pela vantagem que ele percebe, nada além disso. Sua empresa deve estar resolvendo apenas parcialmente os problemas dos clientes, por isso eles pedem descontos. Isso sempre acontece, quando se atua sem foco definido.

Lucas percebe que é isso que está acontecendo na Firec. Marcos comenta:

– Os clientes anseiam ver seus problemas resolvidos e suas expectativas atendidas. É muito grande a frustração que sentem em relação a seus fornecedores. E não é sem motivo! As empresas querem vender para todos. *Todos e ninguém* é quase a mesma coisa. O cliente acaba não se sentindo exclusivo e, em consequência, não se torna um consumidor fiel.

– Mas, quando a empresa precisa desesperadamente de faturamento para pagar as contas, quem é que vai se lembrar desse negócio de foco? Isso é bonito na teoria.

– Aí está a armadilha do *ciclo da sobrevivência*. Vi recentemente na TV pescadores que lançam nos rios redes enormes, numa espécie de arrastão que pega tudo o que há na água, sem distinção. De tanto agir assim, os pescadores estão acabando com as reservas de peixes dos rios. A pesca indiscriminada não é um bom negócio, definitivamente.

Enquanto Lucas faz algumas anotações, Marcos volta a apreciar o aquário e sorri ao ver o movimento dos peixes.

– Sabe, Lucas, tenho uma lancha e viajo quase todos os fins de semana. Aporto sempre nas praias próximas a Ilhabela ou Caraguatatuba. Às vezes passo as noites a bordo ou algum tempo pescando. Em todos esses anos, embora frequente as mesmas praias, nunca entrei no mesmo mar duas vezes. Não esqueça, Lucas, que, assim como o mar, o foco é um alvo em constante movimento. É preciso ajustar a luneta o tempo todo.

Lucas anota o nome e o endereço do próximo interlocutor. Agradece, despede-se e se dirige ao estacionamento. Marcos ainda tem tempo de gritar da porta:

– Fique focado no cliente e deixe que ele o conduza ao futuro.

DÚVIDAS E ABANDONOS

Lucas estaciona o carro para ouvir os recados deixados na caixa postal do celular. Está lotada: Aristides precisa falar com urgência sobre problemas com os bancos, Luiz Olavo quer decidir sobre a desativação de uma unidade de produção, Tavares anuncia mais um cliente perdido e Soraia está com problemas para efetuar os recentes desligamentos de funcionários.

Um novo mundo parecia abrir-se para Lucas. Um mundo repleto de possibilidades... impossíveis. Tudo parecia um sonho. Os ensinamentos faziam muito sentido, mas... para outras empresas, não para a Firec. Lucas não conseguia enxergar o grupo gerencial da Firec em um exercício de construção de cenários, elegendo um foco, criando um conceito de negócio. Um dia na Firec é como um dia numa guerra. Não há tempo para elucubrações. Surgem problemas de todos os tipos e proporções.

A mudança do *ciclo da sobrevivência* para o *ciclo da prosperidade* exige uma nova maneira de pensar. Como imaginar seu Ferreira liderando sua equipe de fábrica sem pulso forte, como aprendeu durante toda a vida? E Luiz Olavo, quem será capaz de fazê-lo pensar diferente? E Aristides? Como fazer com que ele entenda que o resultado não está nos orçamentos numéricos? Quem será capaz de tirar Tavares de sua pompa e aproximá-lo do cliente? Como desenvolver o comportamento empreendedor de Soraia? E os demais supervisores e encarregados? O próprio Lucas sentia-se incapaz de mudar alguns hábitos e práticas.

Lucas sente-se paralisado. Por um lado, atraído por um ímã fantástico e, por outro, retido por uma cunha medonha. Nesse embate, seus pensamentos e sentimentos parecem dilacerá-lo.

Ele volta para casa. O silêncio e a solidão o deixam abatido. Pensa em Joana, sente sua falta, a saudade é imensa. Embora não tenha uma boa notícia para compartilhar, Lucas arrisca ligar para ela. O telefone está ocupado. Pensa em tentar mais tarde. Entorpecido pelo sono, adormece no sofá da sala, ao lado do telefone.

Mas nada como um dia após o outro...

TRABALHO NAS TREVAS

O trânsito é intenso na Rodovia Presidente Dutra, que liga São Paulo ao Rio de Janeiro. O novo destino de Lucas, indicado por Marcos, é o longínquo bairro de Bonsucesso, na cidade de Guarulhos.

Lucas estaciona o carro no espaço reservado aos visitantes. O guarda imediatamente o anuncia ao diretor da empresa de fundição e ele é encaminhado ao prédio administrativo, onde o experiente diretor, de origem espanhola, o aguarda.

– Sabe, Jaime, meu negócio sempre foi faturar. O Marcos me falou desse tal de foco, mas acho que definir um foco é reduzir o tamanho do mercado e, em consequência, o faturamento, que é tudo de que não estamos precisando neste momento... – justifica-se Lucas, dando início ao diálogo.

– Também pensávamos assim e acontecia conosco exatamente o contrário, ou seja, passamos por muitas dificuldades, por anos de baixas vendas, justamente por não decidirmos a quem nos dedicar. Tentávamos economizar nos custos e arrancar o máximo do nosso modelo de negócio. Não percebíamos que o modelo de negócio estava no seu limite. Não havia mais aonde espremer para extrair resultado. Tínhamos metas de faturamento, mas não clareza do foco. É como definir a velocidade em que vamos correr sem saber a direção.

– É trabalhar no escuro... – identifica-se Lucas.

– Nós estávamos nas trevas, isso sim. Sabíamos muito pouco sobre os clientes e também sobre a concorrência. Estávamos no mercado, mas não sabíamos nada dele. Faltavam-nos conhecimentos.

– Conheço muitas empresas que desconhecem seu foco e estão se dando bem – provoca Lucas.

– De duas, uma: ou essas empresas atuam em mercados de baixa concorrência e seus clientes não possuem alternativas melhores, ou se encontram em setores da economia que estão adormecidos. É apenas uma questão de tempo. Onde existem hiatos de excelência, há oportunidades, e estas atraem empreendedores atentos.

– Foi o que aconteceu com seu setor de atividade?

– Há dez anos, nadávamos de braçada. Não havia concorrentes e a economia estava fechada às empresas estrangeiras. Hoje, estamos procurando nosso lugar no mercado, e isso implica fazer o melhor e atrair quem valoriza o que sabemos fazer e nos paga por isso. Significa escolher os clientes que queremos atender. Muitas vezes é preciso *demitir* o cliente, aquele que não faz parte do foco da empresa.

– Demitir o cliente?!

– É preciso buscar a compatibilização entre as necessidades dos clientes e as competências da empresa. Não conseguiremos satisfazer a todos. Precisamos eleger aqueles que seremos capazes de atender com um nível de excelência. Deles virão as melhores recompensas.

Uma coisa começa a se ligar a outra na cabeça de Lucas: saber o que o cliente quer, mas também ter consciência do que as pessoas da empresa sabem fazer melhor.

– Nossa melhor escolha estratégica está na junção destes dois componentes: foco e competências. Só assim conseguiremos nos diferenciar no mercado – continua Jaime.

– E quando essas definições não são claras?

– Aí a empresa está em uma enrascada: não sabe a quem servir, o que oferecer e como oferecer. É claro que nem sempre estamos aptos a fazer tudo o que o cliente quer e também nem sempre somos capazes de adequar as necessidades do cliente às nossas competências.

– Nesse caso, o que fazer?

– O desafio é expandir nossas competências. Mais importante do que *o que fazemos é o que sabemos*. Antes, os clientes compravam peças fundidas da nossa empresa. Hoje, eles querem a solução para seu problema, e isso significa oferecer a eles conjuntos completos. Não sabemos fabricar todos os componentes que integram um conjunto, mas podemos fazer parcerias com quem possui o *know-how*.

– Como saber se a capacidade de competir da empresa ficou ultrapassada?

– Isso acontece quando a empresa não surpreende mais o cliente e quando o concorrente está fazendo igual a ela ou melhor. Nesse caso, o cliente opta por trocar nosso produto ou serviço por outro que julga similar. O mercado é um alvo móvel. É preciso manter os sensores ligados o tempo todo.

– Daí a necessidade de construir cenários de quando em quando... – diz Lucas, lembrando-se dos ensinamentos anteriores.

– É preciso fazer algum tipo de exercício que traga inspiração. Ela está no cliente, muitas vezes no cliente do cliente, nas oportunidades futuras e também na equipe interna, se estivermos dispostos a ouvir o que ela tem a dizer.

– E como fazer com que o diferencial seja percebido?

– Ele deve se traduzir em ações. – Jaime se levanta para servir água e café.– Vou dar um exemplo: se a pontualidade é um diferencial, deve-se orientar o trabalho da área de compras para que não faltem insumos na fábrica. Todos os colaboradores devem saber disso para que não haja atrasos no processo. O mesmo vale para a expedição administrativa, que tem de emitir a fatura e a duplicata no tempo certo, e para a área comercial, que precisa acompanhar todos os passos para informar o cliente da entrega da mercadoria e saber se as expectativas dele foram atendidas.

– Entendi. É preciso buscar o feedback do cliente. De nada adianta fazer tudo certo e não checar se ele ficou satisfeito.

– É isso mesmo, Lucas. Vou dar outro exemplo: se sua empresa optou por praticar o preço mais baixo do mercado, ela precisa desenvolver competências para fazer isso, como administração de custos rigorosa e gerenciamento competente das compras. Tudo isso partindo do princípio de que o foco escolhido valoriza sobretudo o preço baixo.

– Pelas informações que temos da área comercial, preço baixo deve ser o que nossos clientes mais valorizam.

– Será mesmo? Tenho visto muitos equívocos relacionados com essa maneira de pensar. Uma coisa é praticar preços baixos como parte de uma estratégia alinhada com o foco e com as competências, que é o caso do exemplo que dei. Outra é praticar preços baixos devido à falta de estratégia ou de alinhamento entre o foco e as competências.

– Acho, então, que minha empresa se enquadra nessa segunda situação.

– Pode ser, isso é muito comum. Só quando o foco e as competências da empresa estiverem alinhados ela poderá contar com diferenciais surpreendentes e duradouros – reforça Jaime.

– É... – diz Lucas, animado. – Pensando dessa forma, começo a entender a *empresa única.*

– Fizemos uma mudança importante em nossa empresa. Antes, dividíamos nossas funções por categorias de produtos. Hoje as áreas estão divididas por tipos de necessidades dos clientes. Estamos nos especializando em satisfazer necessidades e em resolver problemas, e não mais em fundir matérias-primas e produzir peças. Esse novo arranjo organizacional poderá criar novas unidades de negócios e até novos negócios.

Agora Lucas não enxergava mais o mundo restrito dos números; à frente dele havia um universo repleto de possibilidades. Era a solução que intuía e procurava, mas como convencer sua equipe a mudar de rumo? Estava ansioso por compartilhar tudo o que tinha ouvido com Luiz Olavo e os gerentes da Firec.

CLIENTE, O GRANDE DESCONHECIDO

Lucas julga ter argumentos suficientes para uma conversa sobre resultados com sua equipe. Ainda assim, por sugestão de Jaime, prefere deixá-la para depois e aproveitar a vinda de Gilton a São Paulo.

Gilton mora em Novo Hamburgo, no Rio Grande do Sul, e está há muitos anos no ramo de comercialização de calçados, onde acumulou larga experiência em vendas e negociação. Alto e magro, elegante e sóbrio, ele espera Lucas em trajes esportivos, que combinam com os sapatos casuais que calça e vende, no saguão de um hotel em São Paulo. Pessoa gentil e amorosa, a receptividade não poderia ter sido melhor:

– Quer dizer, Lucas, que você está descobrindo os verdadeiros caminhos que levam ao resultado... – diz ao cumprimentar Lucas.

Lucas retribui com um sorriso.

– Gilton, obrigado por abrir uma brecha na sua agenda. Tive conversas interessantes com Jefferson, Nilson, Marcos e Jaime.

Acomodam-se nas poltronas confortáveis do hall do hotel e, depois de trocar algumas trivialidades, começam a conversa sobre o assunto que tanto preocupa Lucas.

– Lucas, quem é, na sua concepção, o cliente?

– Essa é fácil! Cliente é... quem paga as nossas contas... – Lucas engasga e tenta melhorar a definição. – É a razão de ser da nossa empresa, é o rei... é um deus – apela para o lugar-comum.

– A maior parte das pessoas trabalha sem saber para quem. Desconhece o cliente. Para alguns funcionários, clientes são como seres extraterrestres: acreditam na existência deles, mas nunca os viram.

– Muitos em minha empresa jamais viram a cara de um cliente... – admite Lucas, com sinceridade.

– Não é só na sua empresa, Lucas. Isso acontece na maior parte delas. O cliente é mantido a distância.

– E, quando se fala em cliente, é para decidir quanto se vai arrancar dele... – completa Lucas, identificando-se.

– Os líderes preferem gastar horas discutindo números a dedicar um décimo desse tempo aos clientes e a suas necessidades.

Lucas veste a carapuça. Faz tempo que não visita um cliente. Kaiser havia sido sua última experiência. Não arranja tempo, pois vive atolado na burocracia da empresa. Lembra-se também da última reunião na Firec: muitas contas, muitos números, nenhuma preocupação com o cliente.

– O cliente representa um potencial. É o presente, mas é também o futuro. É preciso encará-lo como alguém que estará na empresa por muito tempo. Certas empresas duelam com os clientes e regateiam centavos num pedido, mas se esquecem de que a convivência com eles ultrapassa o tempo de vida daquele pedido. A pergunta é: quanto dinheiro um cliente fiel pode deixar em sua empresa durante toda a sua existência?

– Nunca parei para pensar nisso...

– Lucas, o futuro da minha e da sua empresa deve ser construído juntamente com o cliente. Ele, portanto, faz parte do futuro dos nossos negócios.

Sentindo-se culpado, Lucas se dá conta de quão pouco o cliente é considerado em sua empresa. Lá, ele é tratado geralmente como um item da carteira de pedidos, como um número de ordem de produção ou de nota fiscal, um item na relação dos adimplentes ou inadimplentes. Um dado estatístico, portanto. Suas reflexões são interrompidas pelos argumentos de Gilton:

– O cliente é alguém com quem tenho uma ligação também afetiva, e não meramente mercantil. Eu o vejo como um parceiro que ganha quando eu ganho e perde quando eu perco.

– É, mas eles sempre querem levar vantagem – provoca Lucas.

– O cliente é alguém como você, também tem problemas a resolver. Sabe, Lucas, às vezes a gente se aborrece quando eles exigem o que lhes foi prometido.

Lucas pigarreia, disfarçando.

– O cliente está disposto a pagar bem pela solução completa de seu problema – afirma Gilton com convicção –, mas pede desconto e se aborrece quando percebe que não somos capazes de resolver os problemas dele nem de atender as suas necessidades como ele gostaria.

Na Firec, raciocina Lucas, jamais haviam pensado no cliente dessa maneira. Ao contrário, muitos o viam como um estorvo.

– Mais do que pensar nos resultados de minha empresa, eu preciso pensar nos resultados que proporciono a meus clientes – continua Gilton. – Eles são meus parceiros. Não posso trapacear com eles, blefar e fazer negócio com cartas escondidas na manga...

"Ah! Luiz Olavo precisava ouvir isso", pensa Lucas.

– Mas eles querem sempre mais, Gilton. Por isso é preciso colocar uma *gordurinha* nos preços para depois conceder descontos.

– Se você quer brincar de faz de conta, tudo bem! Se você quer construir relacionamentos duradouros e confiáveis, jogue aberto – continua Gilton com veemência. – O cliente não se preocupa com você até que você mostre que está preocupado com ele.

Lucas respira fundo. Definitivamente, a Firec não era uma empresa orientada para o cliente.

– Os clientes são sua principal equipe de vendas, com uma vantagem: não estão na folha de pagamentos nem recebem comissão. Em outras palavras: o cliente é seu melhor vendedor e o mais barato!

– Caramba! E dizer que às vezes encrencamos com ele por tão pouco – constata Lucas.

– Ele faz a reputação da sua e da minha empresa, no sentido positivo ou negativo. De que adianta investir fortunas em ações de marketing, se o cliente não é tratado como deve?

– Ufa!

Gilton ainda tem mais argumentos:

– Pois é, e pensar que as empresas perdem mais de 70% dos clientes por problemas de atendimento. Pensam em estratégias sofisticadas para conquistar novos clientes, mas fazem pouco para manter os que já existem.

– É mesmo um contrassenso.

– Eu atendo muitas lojas no Rio Grande do Sul e em Santa Catarina. Tenho visto que, se um item some da prateleira, o gerente típico é capaz de virar a loja de pernas para o ar até encontrá-lo, mas, se um cliente sai sem comprar, esse mesmo gerente dá de ombros e se conforma.

– É verdade – diz Lucas –, o controle é mais importante que o resultado.

– Se um cliente devolve uma mercadoria que não lhe agrada, numa empresa comum os funcionários se ocupam com mais de uma dezena de providências: receber a mercadoria, definir a que custo retorna ao estoque, corrigir o controle de contas a receber, sustar o boleto bancário, ajustar a conta de comissão de vendas, atualizar a conta de impostos etc. Ninguém, porém, se preocupa em saber o que desagradou ao cliente, tampouco em aprender algo com esse prejuízo.

Uma pessoa vem imediatamente à mente de Lucas: Aristides, para quem o controle está acima de tudo.

– A rotatividade de pessoal é elevada no comércio. Alguns comerciantes incentivam o *turnover* pensando em reduzir os custos da folha de pagamentos. Pura insensatez! Como garantir resultados se parte do capital humano, que é formado pelos funcionários, desaparece a uma taxa de mais de 50% ao ano?

– Isso, sim, é que é prejuízo!

– A maioria dos líderes empresariais quer ter clientes fiéis e colaboradores comprometidos, mas poucos estão dispostos a investir e empreender esforços para atingir esses objetivos. Preferem investir em tecnologia.

Agora a imagem do sócio, Luiz Olavo, preenche a mente de Lucas. Ele se lembra das máquinas importadas da Alemanha e do zelo exagerado com a tecnologia.

– Noto que os lojistas se esquecem de um fato básico: diante do cliente, o vendedor reina soberano, é senhor absoluto da situação. Aquele é o momento da verdade: pode-se conquistar um cliente ou perdê-lo para o resto da vida. Tudo depende dos conhecimentos, das habilidades e, principalmente, do comprometimento daquele vendedor. Por isso o investimento em tecnologia será desperdiçado, se aquele vendedor for deixado de lado.

– Ufa! Como a gente pisa na bola!

Gilton sorri, respira fundo e prossegue:

– Você deve receber um cliente em sua empresa da mesma forma que receberia um convidado para uma festa em sua casa num sábado à noite.

Lucas lembra, indignado, o tratamento que a Firec dispensa a representantes, distribuidores e vendedores: sempre com desconfiança e distanciamento, como se eles não fizessem parte do negócio. Muitas vezes, a empresa age como se eles se fossem adversários, com propósitos opostos. As convenções anuais de vendas são feitas para cobrar antigas metas e impor novas. Não é à toa que boa parte do tempo do Tavares, o gerente comercial, é gasto na administração de conflitos.

– Lucas, o que de fato você e sua equipe sabem sobre os clientes? Antes que ele possa responder, Gilton acrescenta:

– Vocês estão ligados vinte e quatro horas por dia nas necessidades e nos desejos dos clientes? Vocês fazem uso das informações que receberam dos clientes para desenvolver novas maneiras de atendê-los? Vocês mantêm os clientes informados para que eles possam tomar as melhores decisões de compra?

Enquanto Lucas pensa nas respostas mais adequadas, Gilton conclui:

– Essas respostas interessam a você e a sua equipe, não precisa responder já. O que importa agora é tomar um bom café. Topa?

A ROTA DO OURO

Gregório avista o carro de Lucas se aproximando e abre o portão. Com olhar funesto e semblante sisudo, ele acena para Lucas, que devolve o cumprimento com um resmungo. "Esse não foi embora na leva de demissões, mas bem que devia", pensa Lucas, estacionando o carro na vaga da diretoria.

Soraia e Ferreira já estão na sala de reuniões, aguardando as boas notícias que Lucas prometera para aquela tarde de sexta-feira. Aristides, tomado pelas dificuldades financeiras que se agravam a cada dia, está atrasado. Tavares conclui a última tabela de preços em que amplia os descontos, o último recurso para atingir a meta de faturamento do mês. Luiz Olavo, ao telefone, conversa com um de seus amigos de pescaria.

Lucas havia preparado uma apresentação em seu notebook com ilustrações feitas em Power Point. Espera ser o mais didático possível para transmitir o que aprendera com seus anjos desconhecidos.

Tavares toma seu lugar, seguido por Aristides. Luiz Olavo entra por último, fecha a porta e comenta:

– Você andou sumido, hein, Lucas?

– E o circo aqui pegando fogo – completa Aristides.

– Estava em busca de luz! – diz Lucas, sorrindo.

– Pois bem, vamos lá! Ainda não consegui passar os e-mails com as novas condições comerciais para todos os representantes – resmunga Tavares.

– E eu também não despachei toda a produção para a expedição – completa Ferreira.

– Como vê, estamos todos muito ocupados. De quanto tempo você acha que vai precisar? – pergunta Luiz Olavo, consultando os recados no celular.

Lucas percebe que o clima não é nada acolhedor. Mas esse é o jeitão da Firec. Essa é a cultura: fazer... fazer... fazer... Não importa se estão ou não no caminho certo, todos os dias é a mesma rotina, mês após mês, ano após ano. Se continuarem assim, acabarão indo à falência.

– Sei que estão todos muito atarefados – diz Lucas com voz pausada – e sei também que tenho contribuído pouco nesses últimos dias. Estava em busca de respostas e gostaria de compartilhar com vocês o que aprendi durante minha ausência.

– Muito bem, então vamos lá, todos querem saber qual é o pulo do gato – provoca Luiz Olavo.

Lucas ignora a provocação e continua:

– Queremos resultados, não é?

– Queremos! – respondem em uníssono, como se estivessem numa sala de aula.

– Muito bem! Resultado é como a felicidade: só se consegue por vias indiretas. Portanto, não existe uma ligação direta entre *empresa e resultado*.

Lucas apresenta a primeira ilustração.

– Em um raciocínio simplista, o resultado é decorrente da emissão da nota fiscal para o cliente e se traduz em caixa depois de descontados todos os custos e as despesas concernentes. Nesta nova abordagem, para atingir o resultado é preciso trilhar a *Rota do Ouro*, como denominarei o percurso necessário para obter o lucro que tanto buscamos.

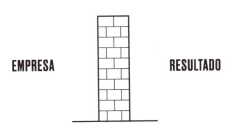

Lucas apresenta a segunda ilustração:

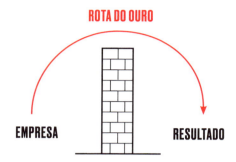

– A abordagem simplista é substituída pela *Rota do Ouro*, o caminho que leva ao resultado. Para trilhar esse caminho é preciso ter informações sobre o ambiente em que o negócio está inserido e também sobre como as mudanças nesse ambiente afetam o negócio.

Lucas prossegue tentando ser didático. Pretende conquistar adeptos que apoiem sua nova forma de pensar.

– Uma empresa é um sistema que está contido em um sistema maior, o mercado. Para que o sistema-empresa flua adequadamente, é importante que ele interaja produtivamente com o sistema-mercado. É impossível lutar contra o mercado. É preciso compreendê-lo, apesar de sua aparente irracionalidade.

Lucas percebe a agitação na sala, mas continua com seus argumentos:

– Ao trilhar a *Rota do Ouro* conseguiremos definir um propósito para nossa empresa, a finalidade maior de sua existência para o mercado. Uma empresa precisa dizer a que veio, senão será apenas mais uma nesta imensa selva de competidores.

Lucas apresenta a terceira ilustração:

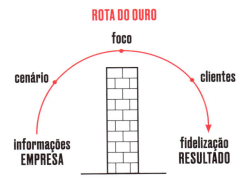

E continua, sob os olhares desconfiados dos presentes:

– Vejam o quadro completo. O primeiro passo é construir um cenário para identificar oportunidades e demandas. O segundo passo é escolher um foco dentro desse cenário, isto é, o conjunto de clientes cujas necessidades e expectativas estamos dispostos a atender. O terceiro passo é compreender os desejos específicos do cliente.

Lucas está satisfeito com a forma como organizou as informações.

– A fidelidade do cliente é a recompensa maior de quem trilha a *Rota do Ouro*. Cliente fiel é riqueza; muito mais do que fluxo de caixa, ele é uma fonte perene de lucro – afirma Lucas com entusiasmo, embora sinta o desinteresse na sala.

Soraia rompe o silêncio com uma pergunta:

– Nossa definição está num quadro na recepção da empresa: *Nossa missão é exceder as expectativas dos clientes.* Esse não é, por acaso, nosso propósito?

– Isso vale para qualquer empresa, até para a padaria da esquina – responde Lucas. – A que clientes nos referimos? Quais são as expectativas deles? Aliás, quem lembra que essa placa existe? Ela foi colocada na época em que implantamos um programa de qualidade na empresa. Hoje, não vale nada.

– Lucas, fale mais sobre cenários, o primeiro passo... – insiste Soraia, para quebrar o gelo.

– Construir cenários é um exercício de criar imagens do futuro. É instigar a imaginação. É nessa prática de construção de cenários que buscaremos a inspiração para renovar e inovar o que fazemos, fazer uso da criatividade, que anda sendo desperdiçada, e produzir boas ideias, de que, aliás, estamos precisando muito.

– E o foco? – incentiva Soraia, tentando valorizar a apresentação de Lucas.

– Diante das oportunidades que o cenário oferece, precisamos fazer uma importante escolha: a quem vamos nos dedicar? Quais problemas estamos dispostos a resolver? Quais necessidades queremos ver satisfeitas? As respostas e essas perguntas vão definir nosso foco! – responde Lucas, animado com as perguntas de Soraia.

– Se entendi bem, o cliente está incluído no foco, é isso mesmo? – continua Soraia.

– Sim. É importante lembrar que o cliente é sempre pessoa física, é gente como a gente. Não importa se atendemos uma empresa, sempre haverá uma ou mais pessoas questionando, decidindo a compra, influenciando, pagando a conta, consumindo o produto. Negócio é isto: gente se relacionando com gente.

Lucas está entusiasmado com seu novo discurso. As conversas que tivera haviam sido esclarecedoras. Pensou muito a respeito delas enquanto preparava as ilustrações. A demonstração de interesse de Soraia aumenta ainda mais seu entusiasmo. Aproveita e faz uma pergunta à queima-roupa:

– Soraia, qual foi a última vez que você viu um cliente da Firec na sua frente?

– Não me lembro, acho que nunca os vi – responde, constrangida.

– Obrigado pela sinceridade, Soraia. E você, Aristides?

– Conversei com alguns por telefone, os inadimplentes – gagueja.

– Seu Ferreira, o senhor conhece os clientes da Firec?

– De que jeito? Entro na fábrica às sete da manhã e fico mergulhado em problemas o dia inteiro...

– E olhe que vocês são as principais lideranças da Firec. Já dá para ter uma ideia de como estamos trabalhando alienados – constata Lucas, pesaroso.

– Lucas, desculpe interromper – diz Tavares em voz baixa –, mas eu disse há pouco que precisava terminar de enviar os e--mails com as novas condições comerciais. Os clientes querem vantagens comerciais, e é isso que devemos oferecer.

– Tavares, eles querem que suas demandas sejam compreendidas, e seus problemas, resolvidos. O cliente não quer *apenas* vantagens comerciais.

– Lucas, você ficou muito tempo afastado do mercado, Tavares sabe o que está dizendo – intervém Luiz Olavo.

– Acontece que nós escolhemos atuar como todos os outros. Não temos diferenciais. Os clientes fazem leilão de nossos produtos e serviços. Nossa empresa e tantas outras entraram numa disputa sem fim para ver quem fica mais pobre primeiro. Precisamos acabar com essa tristeza – insiste Lucas, num tom de voz mais elevado.

– Nós investimos muito em qualidade – diz Ferreira –, e o que ganhamos com isso? Os clientes querem qualidade, mas não estão dispostos a pagar por ela.

– Nós lhes oferecemos qualidade segundo nossos pressupostos. Nunca consultamos os clientes para saber que tipo de qualidade desejam – rebate Lucas.

O breve silêncio é rompido dessa vez por Aristides:

– Tenho mais uma notícia para dar a vocês: conseguimos reduzir nossas despesas em cerca de 20%, mas não atingimos o patamar de faturamento que garantiria nosso ponto de equilíbrio.

– Isso significa que continuamos no vermelho – conclui Ferreira, desolado.

– Teremos que apertar o cinto ainda mais – brada Luiz Olavo, ignorando as novas propostas de Lucas.

– Senhores – insiste Lucas –, estou tentando dizer que há uma luz no fim do túnel, mas para encontrá-la será preciso atravessar esse túnel.

A dispersão continua. Aristides acende mais um cigarro. Luiz Olavo se levanta para se espreguiçar. Tavares tamborila os dedos na mesa, demonstrando impaciência. Ferreira consulta o relógio, dando a entender que não tem mais tempo. Soraia apoia o rosto entre as mãos e se esforça para ouvir Lucas, que insiste, agora, com mais eloquência:

– Dei o nome de *Rota do Ouro* à minha proposta para incentivá-los a fazermos essa viagem juntos. Nunca tivemos uma conversa profunda sobre o que é resultado e o que gera resultado na empresa. Precisamos repensar o conceito do nosso negócio. Até onde vamos continuar espremendo os custos e retocando os preços? Deve existir uma saída mais inteligente para a Firec. Precisamos reinventar nossa empresa por completo. Os tempos mudaram, mas insistimos em fazer tudo do mesmo jeito. Se reproduzirmos o futuro com as lentes do passado, estamos fritos!

– Estaremos *mais* fritos, você quer dizer – acrescenta Aristides em tom jocoso.

– Estamos complicando a situação – arremata Luiz Olavo.– Tavares é um profissional tarimbado na área comercial. Fez vários cursos de marketing, atuou em vários mercados, conhece a cultura das multinacionais. Se houvesse outra coisa a fazer, ele já teria feito.

Tavares sorri, se despede e sai da sala rapidamente. Tem pressa de concluir o envio dos e-mails.

TORMENTO E TEATRO

Trinta anos de trabalho! Vários currículos, muitos empregos. Tavares ainda se lembra dos testes psicotécnicos e das avaliações de QI para conseguir seu primeiro emprego, no começo dos anos 1970. De lá para cá, transformara-se num leitor profissional de ofertas de empregos. Lia os classificados dos jornais todo domingo, apesar de estar empregado. Havia feito muitos testes e várias entrevistas. Conhecia todos os estilos. Tinha na ponta da língua as melhores respostas, aquelas que os entrevistadores gostam de ouvir. Vestia roupas apropriadas, sóbrias e elegantes. Era tudo jogo de cena! O selecionador precisava preencher a vaga, o candidato precisava do emprego. Puro teatro!

E o teatro não parou aí, continua carreira afora. "No fundo, no fundo", pensa Tavares, "as empresas querem resultados, nada mais. Estão pouco ligando para as pessoas."

Tavares aprendeu a fazer o jogo muito bem. "É preciso ser esperto para viver o faz de conta organizacional. É preciso evitar riscos! O que ganham os corajosos? Se ousam e acertam, não fazem mais que a obrigação e, algumas raras vezes, ganham os parabéns comedidos de um chefe cortês. Se erram, há retaliação e até demissão. Os riscos são grandes, as vantagens são poucas. É preciso, então, optar pela inocência, isto é, pela isenção de culpa. É uma questão de inteligência. O raciocínio é o seguinte: se existir culpado, que nunca seja eu."

Mas não foi sempre assim. Quando começou a trabalhar como auxiliar administrativo em uma instituição financeira no Centro de São Paulo, Tavares era um idealista. Acreditava que, se desse o melhor de si, seria reconhecido e recompensado. Não media esforços sempre que a empresa precisava dele, era do tipo pau para toda obra. Esticava o horário, se houvesse necessidade, sacrificando sua formação acadêmica e a vida pessoal. Mas o reconhecimento não vinha. Percebeu, mais tarde, que seus superiores tinham mais em que pensar. Estavam mais preocupados com a própria carreira e em fazer bem o jogo do poder. Não se davam conta da existência daquele jovem idealista e dedicado, de quem pouco ou nada sabiam.

O idealismo de Tavares logo deu lugar ao ceticismo. Passou a se preocupar mais com ele, embora adotasse um discurso despojado e compromissado. No fundo, além de sua carreira, nada mais importava. "Vocês têm plano de carreira?" era a pergunta que mais gostava de fazer nos vários processos de seleção de que participou. Carreira, para ele, significava o mesmo que status social e promoção salarial. Era isso que buscava. Se seu trabalho não fosse reconhecido na empresa em que estava, partia logo para outra. Não acreditava em lealdade entre empregador e empregado e vice-versa. "O que existe são interesses", pensava, "e cada um deve ir atrás dos seus." Foi assim que, de emprego em emprego, Tavares construiu sua carreira.

No fundo, ele temia fracassar. Precisava exibir-se como vencedor para a família e os amigos. Sua experiência mostrava que o melhor caminho para não fracassar era não ousar. "As empresas preferem pessoas que não inventam moda", raciocinava. Mantinha-se paralisado enquanto fazia o papel do executivo audaz.

Sempre em busca de promoção, Tavares não havia conseguido concluir o curso de marketing e, mesmo quando frequentava a faculdade, não era assíduo nem estudioso. "Para quê?", pensava. "As promoções não são para os que sabem, mas para os que agradam aos chefes."

Do idealismo para o ceticismo e deste para o cinismo, essa foi a carreira que Tavares soube construir. Consegue atrair alguns ingênuos com a eloquência de seus discursos, o vocabulário rebuscado e muitas vezes hermético e o abuso estéril do palavrório em inglês. Os mais atentos logo veem que, na prática, não existem realizações grandiosas. Aliás, o segredo é fazer o óbvio, aquilo que representa menor risco e garante a manutenção do status quo.

Dessa maneira, Tavares vai tocando o barco e fazendo a conta dos dias, meses e anos que faltam para sua aposentadoria. É aí que espera começar a viver, já que no trabalho a vida é feita de oito horas diárias de tormento e teatro.

SOLUÇÃO FORA DE LUGAR

Duas semanas depois daquela reunião, Lucas está mergulhado na velha crise diária. Fracassara em seu intento. A alma da Firec está endurecida, constata com pesar. Lá, tudo é rotina.

A área comercial orienta a equipe na busca insana de pedidos, quaisquer que sejam as condições. O trabalho parece mais uma gincana, os vendedores utilizam todos os meios possíveis para efetivar vendas e garantir comissões, numa disputa ferrenha.

A área financeira avalia as condições de crédito de cada cliente e, ansiosa, aguarda o faturamento. Depois de emitir as faturas, leva as duplicatas aos bancos para que funcionem como lastro das linhas de crédito, cada dia mais escassas. Enquanto isso, exerce forte vigilância sobre as práticas orçamentárias das demais áreas da empresa e fiscaliza todo tipo de gasto.

A área industrial obedece à programação da produção, feita conforme a disponibilidade das máquinas. As falhas técnicas se acentuam a cada dia devido à suspensão dos investimentos em manutenção e conservação das máquinas e dos equipamentos.

A área de recursos humanos ocupa-se em apontar as presenças e ausências de funcionários. Os índices de absenteísmo têm aumentado, provavelmente em decorrência da suspensão de alguns benefícios.

Enfim, um círculo vicioso em declínio!

Lucas havia desistido dos encontros com aqueles malucos sonhadores que viviam fora da realidade. No seu dia a dia não há espaço para sonhos, somente para a crueza das contas a pagar e dos problemas organizacionais de toda ordem. Resta a ele cumprir a rotina diária e esperar uma boa-nova cair do céu.

– Lucas, hoje temos um almoço importante na associação de classe – diz Luiz Olavo. – Como um dos diretores, preciso comparecer, mas seria bom que você também fosse. Teremos a honra de receber a visita de um ilustre deputado, forte candidato ao

Senado Federal nas próximas eleições. Essa aproximação poderá render bons frutos a nossa empresa.

– Está bem – aceita Lucas, sem muito ânimo. – Vamos lá!

Abraços e cumprimentos calorosos. Lá estão a nata do empresariado e também dirigentes de empresas de setores correlatos e afins. Depois do coquetel de recepção, todos entoam o Hino Nacional e fazem reverências ao pendão. A entrada é servida, seguida das bebidas. Aguarda-se o pronunciamento do convidado principal.

Finalmente, o ilustre deputado faz seu discurso, que contém referências às "opções de desenvolvimento naquele ramo de atividade", bem como ao "papel essencial que todas as empresas ali presentes representam para a economia nacional". Realça a importância da "participação geral e das novas proposições que deveriam ser feitas", de poder "consolidar as estruturas funcionais" e "oferecer uma oportunidade de reformulação do atual processo". Antes de finalizar, ressalta o papel do Estado "de incentivo ao avanço tecnológico, assim como de políticas de fundos creditícios que permitam um progresso acentuado de toda a comunidade empresarial". Encerra falando do papel social dessas organizações, "que muito contribuem para a geração de empregos", além dos "trabalhos sociais e de cunho ecológico" que demonstram a "consciência empresarial na construção de um novo Brasil".

Depois de ser mais aplaudido que compreendido, começam a ser formuladas perguntas ao convidado:

– Ilustríssimo senhor deputado, que providências estão sendo tomadas com relação à nossa política fiscal e tributária? É do conhecimento de Vossa Excelência a impossibilidade de nos desenvolvermos e de gerar empregos diante deste despropositado volume de impostos. Se ainda recebêssemos do governo a contrapartida do que pagamos, mas nada disso acontece. Temos uma arrecadação digna de uma Suécia e recebemos serviços públicos compatíveis com os do Quênia etc. etc.

Depois de muitos "etc.", o ilustre deputado se solidariza:

– Sem dúvida nenhuma, é impossível fazer frente à economia mundial com toda essa carga tributária pesando sobre nossos ombros... O governo federal parece ignorar os desafios do empresariado e todas as suas dificuldades diárias... Mais do que um despropósito, é um descalabro a atual carga de impostos que as empresas são obrigadas a recolher...

Depois de muitas explanações, nova pergunta discursiva é feita ao ilustre deputado:

– Ilustríssimo senhor deputado, como seu partido tem contribuído no Congresso com relação às políticas de juros e de crédito? O senhor sabe muito bem como é difícil para o empresariado nacional competir em uma economia globalizada, quando o custo do nosso dinheiro é escandalosamente elevado diante das alternativas que os nossos concorrentes possuem em seus países...

Muitas outras observações se seguem, o ilustre deputado presta seu apoio:

– Vocês são os verdadeiros heróis nacionais, que, não obstante todas as adversidades naturais do próprio jogo da economia, ainda precisam lutar contra todo tipo de restrição, seja no plano financeiro ou creditício... O governo federal precisa abrir os olhos e se colocar na pele de vocês...

Depois de vinte minutos de exposição, mais uma pergunta é feita ao ilustre deputado:

– Senhor deputado, gostaríamos muito de gerar mais empregos e contribuir para amenizar a problemática social. O senhor há de admitir, no entanto, que os compromissos sociais e trabalhistas que assumimos na contratação de mão de obra são impróprios para uma economia como a nossa...

O deputado, mantendo a eloquência e o entusiasmo, acrescenta:

– Mais que impróprios: são impropérios! Por isso, caros empresários e dirigentes de empresas, precisamos nos unir, juntar nossas vozes e exigir do governo federal nossos direitos como empresários e, antes de tudo, como cidadãos que somos... É preciso...

Finalmente, o tempo se esgota. Todos aplaudem. Luiz Olavo ovaciona, prazenteiro. Seguem-se sessões de fotografia, de afagos, de reforços de intenções e promessas. Lucas acompanha Luiz Olavo. Ambicionam assediar o ilustre deputado na tentativa de obter alguma referência ou indicação que possa facilitar a obtenção de uma linha de financiamento em condições privilegiadas de juros e de prazo de amortização. O ilustre deputado se retira, acompanhado de seus seguranças. Alguns convidados seguem o cortejo e outros ficam ali saboreando os últimos goles de um legítimo Macallan 25 anos.

FIAPO DE ÂNIMO

Os dias passam, invariáveis. Lucas está deprimido. Espia pela fresta da persiana e avista a guarita da empresa. Os funcionários chegam ao trabalho, taciturnos e infelizes, como se não tivessem alma. Lá está Gregório, sempre misterioso e enigmático. Tentara incluí-lo na última lista de cortes, mas Soraia aprecia o trabalho dele e fez sua defesa. "Da próxima ele não passa", pensa Lucas, correndo os olhos sobre sua mesa de trabalho: relatórios, cheques, vouchers, a fotografia de Joana… "Pois é, querida, continuo o mesmo, sem as boas notícias que gostaria de lhe dar."

Lucas não enxerga mais luz nenhuma no fim do túnel. O assessor que o deputado indicara para facilitar a obtenção da linha de financiamento era inacessível. Luiz Olavo havia tentado várias vezes falar com o deputado, mas sua secretária alegava que ele estava em intermináveis reuniões de comissões parlamentares de inquérito, em Brasília.

Lucas está lendo a última versão do fluxo de caixa feita por Aristides quando Soraia entra na sala, alarmada:

– Os índices de absenteísmo nunca estiveram tão elevados na empresa.

– Aumente as punições, ora! Será que eles não sabem que a empresa precisa produzir? – replica Lucas, incomodado, sem tirar os olhos do fluxo de caixa.

– Acontece que todos estão muito estressados – continua Soraia –, diminuímos o quadro de pessoal, mas o volume de trabalho continua o mesmo. Os funcionários estão trabalhando o dobro e rendendo a metade.

– Avisamos que teríamos de apertar o cinto, desta vez não pegamos ninguém de surpresa – responde ele, ainda sem tirar os olhos do fluxo de caixa.

– É difícil conseguir bons resultados quando as pessoas estão desmotivadas – comenta Soraia, tentando esticar a conversa.

– É difícil conseguir algum tipo de motivação sem resultados – arremata Lucas, tentando desconversar para concentrar-se no relatório financeiro.

Ainda em pé, quase na porta da sala, Soraia insiste:

– Lucas, gostei muito dos conceitos que você abordou em nossas reuniões. Por alguns momentos, senti que podíamos construir uma empresa diferente.

– Balelas e balelas que ouvi de um punhado de malucos, mas – ele finalmente encara Soraia – por que você não me disse que havia gostado?

– Iria me sentir deslocada diante de todos – releva Soraia, admitindo a omissão.

– Quem se sentiu deslocado fui eu, achei que estava falando uma porção de asneiras.

– Para mim estava fazendo sentido, era o fio da meada... Mas o modelo que você apresentou não estava completo. Faltava algo mais.

– E qual é esse *algo* mais?

– Também não sei! Por que você não tenta saber daqueles seus inspiradores?

– Ah! Perdi o contato com eles, achei que só faziam aumentar minha angústia.

– Quem são essas pessoas, Lucas?

– Sei pouco delas, Soraia. Têm um jeito diferente de enxergar o mundo dos negócios e as empresas. Alguns são empresários, outros, executivos, todos exercem funções de liderança. São líderes diferentes, pessoas entusiasmadas e interessantes. Senti-me estimulado quando conversei com eles.

– Pensei que fizessem parte de alguma seita ou religião... – diz Soraia, rindo do próprio comentário.

– Que nada! São pessoas de negócios que amam o que fazem, apenas.

– Lucas, por que você não volta a entrar em contato com eles? Sinto que podem contribuir para a salvação da nossa empresa. Não custa tentar.

Lucas movimenta sua poltrona giratória ligeiramente para a direita e para a esquerda.

– Parece que estamos cavando nossa cova com os próprios pés – confidencia Lucas.

– Ninguém mais está feliz aqui na Firec. Precisamos reagir, Lucas.

– Soraia, vou precisar de seu apoio, não conseguirei nada sozinho e sinto-me muito só. Se você prometer me ajudar, posso retomar os contatos.

– Pode contar comigo! – declara Soraia, dessa vez decidida.

Lucas tenta encontrar o cartão da pessoa que deveria procurar.

– Ah, está aqui! Seu nome é Sidney. Vou telefonar para ele – decide, com um fiapo de ânimo.

Soraia fica feliz ao ver uma luz brilhando, novamente, nos olhos de Lucas.

TRADIÇÃO E CONTRADIÇÃO

Aquele tinha sido seu primeiro emprego. Soraia amava seu trabalho e a empresa. Começara na Firec como auxiliar na área administrativa e, com o crescimento da empresa, introduzira o que mais tarde seria o departamento de recursos humanos. Formada em psicologia e com vários cursos de extensão na área de recursos humanos, Soraia é uma participante ativa de seminários, simpósios e workshops voltados ao desenvolvimento das pessoas nas organizações. Vem observando, nesses encontros, uma enorme distância entre as estratégias empresariais e as ações de recursos humanos. Ainda que nos últimos anos o discurso que privilegia o ser humano como principal recurso das empresas tenha se acentuado, Soraia vem notando que os recursos físicos e financeiros, além de merecerem maior atenção, são também preservados com mais zelo e cuidado.

Há muitas contradições, e Soraia se indigna diante delas. Apesar do discurso pró-inovação, que exalta o uso do potencial criativo das pessoas, Soraia constata que os mecanismos adotados pelas organizações, não só na que trabalha, mas em tantas outras, cerceiam a criatividade. O que predomina, observa Soraia, são o controle, a norma e o rigor dos procedimentos. "Queremos ideias, mas sem abrir mão do controle" é o lema incoerente de grande parte das organizações.

Soraia percebe, juntamente com seus colegas da área de recursos humanos, que existem incoerências viscerais nas empresas. São elas que transformam a vida nas organizações numa peça teatral. O discurso da competitividade, por exemplo, contradiz o discurso da cooperação. Como ser um guerreiro sanguinário no mercado e um devotado jesuíta solidário internamente? Somente interpretando esses papéis de acordo com a ocasião.

Outra incoerência está no teatro das horas. As organizações anseiam vender excelência aos clientes, mas compram o tempo dos funcionários. São moedas de valores diferentes: o tempo dos funcionários não garante a excelência no trabalho. Não é sem motivo que em muitas peças organizacionais os atores prefiram discutir a contabilidade do banco de horas a medir o desempenho em satisfazer o cliente.

Há, também, o teatro da impotência: os atores precisam demonstrar arrojo e desenvoltura apesar das algemas a eles impostas, seja por organogramas que dificultam qualquer intenção ou ação criativa e empreendedora, seja por imposições de lideranças autoritárias e centralizadoras.

Os líderes também exigem que os funcionários "vistam a camisa da empresa", mas muitas vezes estes trabalham em ambientes feios, inóspitos e fedorentos. Como podem oferecer a energia do comprometimento sem receber o reconhecimento da dignidade? Alguns nem ao menos são reconhecidos pelos seus nomes. São anônimos executores de tarefas, nada mais que isso.

Muitos dirigentes de empresas querem que suas fábricas funcionem como um relógio, mas se esquecem de que são as pessoas que fazem esse relógio funcionar. Elas, no entanto, não são previsíveis como os relógios, têm oscilações de humor, disposições e vontades. Tudo isso traz instabilidade para o sistema, mas é nesse caldo que fermentam as ideias e a criatividade.

Há também o teatro da alienação, no qual os atores trabalham como cabras-cegas, completamente desinformados dos propósitos da empresa, de quem são seus clientes e quais são suas necessidades.

Finalmente, existe o teatro do trabalho sem causa, sem sentido nem significado. É difícil pôr a alma no trabalho quando os valores mais profundos das pessoas que o executam não são considerados. Há dirigentes empresariais que se vangloriam de cumprir a missão socioeconômica de oferecer emprego, mas negam às pessoas sua dignidade, a condição de realização e a vontade de contribuir com algo maior que uma ocupação medíocre.

Essas questões sempre ocuparam os pensamentos e os sentimentos de Soraia. Por trás delas percebe várias dicotomias: entre o discurso pseudo-humanista dos profissionais de recursos humanos e o discurso orçamentário-competitivo dos executivos que decidem as estratégias; entre o discurso hipócrita de que as pessoas são os ativos mais importantes da organização e a prática contábil e orçamentária que trata esses mesmos ativos como mais um item de custeio nos demonstrativos de resultados; entre a valorização do capital humano como a principal riqueza de uma organização e a incitação ao *turnover* dessa riqueza em troca do suposto aumento na taxa de retorno sobre o capital investido.

Soraia não vê nenhum diretor da Firec preocupado com essas questões. Argumentar com Luiz Olavo é ter de suportar sua ironia e seu deboche. Lucas não era diferente, mas, depois daqueles misteriosos encontros, tem se mostrado mais sensível.

A BUSCA DE SIGNIFICADOS

O artesanato indígena torna o ambiente alegre e acolhedor. As plantas entre as mesas dão ao restaurante uma atmosfera tropical que mantém a correria da vida paulistana a distância. O cheiro da boa cozinha e o colorido dos pratos despertam ainda mais o apetite.

Lucas bebe água mineral enquanto aguarda a chegada de Sidney. Tamborila com os dedos na mesa. Por vezes, pensa estar perdendo tempo. Mas agora conta com o apoio de Soraia e, em seu íntimo, sabe que precisa fazer alguma coisa para socorrer a Firec. Em meio a esses pensamentos, alguém toca seu ombro:

– Lucas? Eu sou o Sidney.

Magro, alto, barba grisalha e bem-feita, Sidney elogia o lugar e pergunta por que Lucas havia demorado tanto a procurá-lo.

– Fiquei desacorçoado, o aprendizado que tive pouco me valeu. Não consegui convencer meus pares sobre as mudanças que precisamos fazer.

– É... deve ter faltado energia – comenta Sidney, esperando a reação de Lucas. – Refiro-me à energia humana! É que você contou só uma parte. E estava desistindo antes de conhecê-la toda.

– Minha ansiedade falou mais alto. A Firec está despencando a cada dia. Vendemos o jantar para pagar o almoço, dá para entender? Quer saber? Já nem sei se somos capazes de sair dessa.

– Essa situação é familiar para mim. Minha empresa já passou por isso. Sei como é. A gente apanha mais que vaca na horta. A opressão do dia a dia é tão grande que não se consegue enxergar três dias além. – solidariza-se. – Para conduzir bem um empreendimento são necessárias algumas condições básicas, caso contrário as chances de ele prosperar diminuem muito. Isso não quer dizer que não se vá adiante, tem sempre um jeitinho, um nó que você dá em algum lugar, em que você ganha uma sobrevida, um fôlego... Mas isso não é viver, é sobreviver. Isso não é ter prazer, é ter angústia.

Lucas o ouve com atenção. Está diante de alguém que compreende sua situação.

– Todo negócio precisa de uma organização – continua Sidney –, mas não a organização formal do organograma, da linha de produção, das máquinas. A organização a que me refiro é formada essencialmente por pessoas. São elas que fazem as coisas acontecerem ou não acontecerem, dependendo do modelo de liderança adotado.

– As coisas acontecem apesar das pessoas. – Lucas não esconde seu desalento. – A maior parte delas está preocupada com o emprego e o salário no fim do mês. Não é à toa que meu sócio pensa sempre na automação da fábrica e do escritório.

O garçom se aproxima com o couvert e anota o pedido de bebidas.

– Problemas de liderança, Lucas. Já perdi muitas pessoas importantes na minha empresa porque não as ouvia – confessa Sidney. – Foram trabalhar em outro lugar ou montar o próprio negócio. Quando me encontro com elas, percebo que as perdi por alguma deficiência no meu modelo de liderança. Faltou um sonho, uma visão, algo que desse significado ao trabalho delas.

– É muito difícil ter uma visão envolvente... São poucos os empresários visionários.

– Consigo ter um sonho ou uma visão envolvente, quando estou em equilíbrio comigo mesmo. Aí é que está, Lucas: uma empresa não é um organismo autossuficiente. Todos os elementos precisam estar em harmonia, funcionando adequadamente, para ficar em equilíbrio. Não consigo, no entanto, me imaginar em equilíbrio vendo pessoas desequilibradas à minha volta. É preciso investir no próprio equilíbrio e promover também o equilíbrio dos que estão ao nosso redor.

– Mas, afinal, as pessoas estão preocupadas com isso?

– Todos querem significados e necessitam deles. Precisam saber de onde a empresa está vindo, aonde quer chegar. Sem isso, como poderão fazer escolhas pessoais? Uma empresa precisa ter consciência, ou, se preferir, precisa da consciência das pessoas que lá trabalham. Energia e consciência, nesse sentido, são a mesma coisa. Onde existe energia, lá está a consciência.

"As pessoas", pensa Lucas, notando a ênfase de Sidney quando se refere a elas. Talvez esteja aí o algo mais que está faltando e que Soraia havia intuído.

– Um empreendimento é uma ferramenta. As técnicas de administração contribuem para o processo, a organização, os controles, mas de nada valem se não existe uma consciência de grupo. Quem faz tudo acontecer são as pessoas. Não só as de dentro, mas todas as que se relacionam com sua empresa. Então, você, como dirigente principal, terá de construir relações para compreender essas pessoas, quer sejam clientes, fornecedores, pessoas da comunidade, quer sejam, claro, os colaboradores com os quais você trabalha, e contribuir de alguma maneira para que elas ampliem a consciência.

Lucas argumenta, ressabiado com tudo o que está ouvindo:

– Funcionários... Eles têm tão pouca imaginação... E não são nada fiéis... É difícil conversar com eles no campo da verdade, não dizem o que pensam e o que sentem...

– Eu entendo. Mas você precisa rever uma série de conceitos e preconceitos evidentes nessas afirmações. Todos são naturalmente competentes e querem ser fiéis, mas você precisa vê-los como competentes e fiéis. Sem essa percepção, é difícil desenvolver a confiança, que é a base das relações.

– Aceitar isso não é tão simples, essa não é a minha realidade.

– Sua empresa precisa de resultados, não é? Resultados de bom tamanho, certo? Então é preciso que o trabalho seja feito com excelência, e seus colaboradores são capazes disso.

– Percebo que os funcionários fazem o que precisa ser feito, e só... Não vejo tanta dedicação.

– Isso acontece quando eles não estão a serviço, desconhecem a quem servem, não veem significado no que fazem, estão apenas trocando tempo por dinheiro, trabalham como sonâmbulos, adormecidos.

– Pois é isso que acontece...

– O problema está na liderança, que não transforma o negócio em algo grandioso. Negócio é a maneira pela qual optamos servir aos outros. Assim deve ser entendido. E é importante que saibamos com clareza quem são esses outros e o que desejam.

– Já tive essa conversa com seus colegas – diz Lucas, incomodado.

– Acrescente uma nova palavra: excelência!

– Todos estão assoberbados e sem tempo de fazer algo com excelência. Rapidez é o que conta.

– Você me lembra um caixa de banco que está mais preocupado em atingir a meta de atendimento por minuto e, na pressa, acaba perdendo um bom cliente e seu considerável saldo bancário.

– E é isso que costuma acontecer.

– Já ouviu dizer que quem faz malfeito faz duas vezes? Pois é. O trabalho malfeito leva mais tempo. Lembre-se de que estamos falando de resultados, o que conta é fazer com excelência. Ao contrário do que muita gente pensa, os resultados não vêm do esforço, e sim do trabalho feito com excelência.

Lucas lembra-se de Soraia dizendo que a Firec é uma empresa sem vida. Quem trabalha com excelência na Firec? Quem coloca energia no que faz? Quem de fato está comprometido com o cliente? Todos pensam em sobrevivência e no dinheiro para pagar as contas. Faturamento! Produção! Caixa! Essas são as palavras mais pronunciadas na Firec. Energia! Comprometimento! Excelência! Quem se lembra dessas?

Sidney retoma sua argumentação:

– Energia é intensidade, entusiasmo, comprometimento emocional. As pessoas se sentem atraídas por quem tem energia, pois todos temos necessidade de mergulhar na energia da vida. Os líderes entusiasmados atraem bons colaboradores e bons clientes por causa dessa energia.

– Pelo jeito, você está se referindo aos líderes carismáticos.

– Não é uma questão de carisma. É a pura magia do comprometimento e do trabalho feito com excelência! É a energia que contagia – anima-se Sidney.

– O líder, então, precisa estar sempre de alto astral? Onde fica o mau humor?

– Claro que não! O líder, como todo ser humano, tem oscilações de humor, mas está convicto da causa, do propósito, da missão, da visão, seja qual for o nome que você queira dar. Mas você terá oportunidade de saber mais sobre liderança em outro encontro.

– E o que tudo isso tem a ver com resultados? – pergunta Lucas, voltando à vaca-fria.

– Talvez você não se tenha dado conta, mas estivemos falando o tempo todo de resultados, de riqueza, de capital humano, de prosperidade.

– Capital humano! Esse não está no balanço! – diverte-se Lucas, imaginando as dificuldades de Aristides em mensurar esse capital.

– O estoque de clientes e colaboradores de uma empresa é seu ativo mais valioso. O conjunto de conhecimentos e experiências compõe o capital humano da empresa; este, sim, gera resultados excelentes. E, por falar nisso, gostaria de falar um pouco mais sobre excelência.

– Sou todo ouvidos.

O garçom serve as bebidas. Lucas e Sidney brindam ao encontro.

– É melhor começar falando do que não é excelência. Há pessoas que são deseducadas. Cometem erros básicos, como não retornar ligações telefônicas, não responder a e-mails, não comparecer a festas a que são convidadas nem agradecer os convites. Não cumprem horários, não cumprimentam, não tratam as pessoas pelo nome. São desleixadas no que fazem, não prestam atenção. Perdem grandes oportunidades na vida, porque ninguém se importa com quem não se importa. Deseducação é o contrário de excelência.

– Mas isso não depende do tipo de trabalho?

– Nunca é o trabalho. Sempre é a pessoa que faz o trabalho.

– Conheço muitas pessoas da categoria dos deseducados – diz Lucas.

– Existem também os desarvorados. São escravos do tempo, obcecados por produtividade. Dirigem enquanto falam ao celular, almoçam um sanduíche no carro no meio do trânsito, aproveitam o horário das refeições para falar de negócios. Gostam de fazer três coisas ao mesmo tempo: falam ao telefone enquanto despacham e leem o jornal. Gabam-se de sua versatilidade. É claro que a energia deles é distribuída entre várias coisas e eles não fazem nada com excelência.

Dessa vez Lucas prefere ficar calado.

– E há os *desanimados*. Os que esqueceram o significado da palavra "entusiasmo", que quer dizer Deus em si. O desânimo é a ausência de Deus e, portanto, a falta de ânimo ou da anima, palavra latina que significa sopro, alento, alma. Os desanimados exigem pouco de si mesmos, insistem em ficar na arquibancada do jogo da vida torcendo para que tudo dê certo.

– Sinto que a maior parte das pessoas não tem motivação para o trabalho.

– É porque o trabalho, desde a era industrial, é considerado uma inconveniência diária de oito horas que subtrai tempo do lazer, este, sim, considerado vida.

Sidney faz uma pausa e se serve da bebida.

– É preciso entender o trabalho como estar a serviço, algo que é bom para quem recebe e para quem dá. Uma gentileza, uma cortesia, uma palavra afetuosa são delicadezas que demonstram disposição, atenção e interesse. Os seres humanos amam compartilhar, estar juntos e servir aos semelhantes.

– Acho que começo a compreender a parte que ficou faltando na minha história – pensa Lucas em voz alta.

– Excelência é eliminar os três *D*s da mediocridade – *deseducação, desarvoro e desânimo* – do ambiente de trabalho. Esse é nosso desafio como líderes.

– Excelência então começa em mim... – define Lucas.

– O líder é a referência. Excelência é jamais fazer qualquer trabalho sem estar mergulhado por inteiro nele. É não elaborar qualquer tarefa que não seja excelente. Lucas, você sabe a diferença entre excelência e mediocridade? Está na perseverança de colocar-se no limite todos os dias e acreditar naquilo de que a imaginação é capaz. É sair da zona de conforto e ter a ousadia de dizer não à repetição!

– Excelência, então, é perfeição! – sintetiza Lucas, entusiasmado.

– Negativo. Perfeição é outra coisa, beira a neurose. Excelência é dar o melhor de si, implica cometer erros, pois eles fazem parte do aprendizado sobre excelência. Muitas vezes a excelência que encanta o cliente está em um detalhe, custa só imaginação e boa vontade. Excelência é virtude!

Lucas faz algumas anotações enquanto Sidney continua:

– Lucas, vejo em você uma ansiedade, uma angústia de resolver seus problemas, mas percebo, também, que parece acreditar que os problemas estão em outro lugar, não em você. Olhe para seu interior. Sem dúvida, para começar a virar essa mesa você precisa mudar a forma de exercer a liderança e expor suas crenças e seus valores. Estou falando agora da sua consciência.

Lucas sente-se pego no contrapé.

– Se você não tiver uma crença inabalável em um propósito, uma causa, uma visão que valha a pena, será difícil arregimentar bons colaboradores, dispostos a lhe emprestar suas energias – conclui Sidney.

Lucas rompe o breve silêncio:

– Acho que estou com fome...

A EXPANSÃO DA CONSCIÊNCIA

– Olá, eu sou o Lucas. Fui indicado pelo Sidney.

– Ah, sim. Estou sabendo. Sou Glauco, estava à sua espera.

Glauco é mais um da turma de desconhecidos que guiam Lucas na viagem rumo ao conhecimento. "Afinal, quem são eles?", pensa Lucas. "Serão anjos, mentores, magos, xamãs, impostores? Não importa. Tenho me renovado com essas conversas. Sinto-me bem e motivado ao lado deles."

Glauco trabalha num ambiente aberto. Não tem sala privativa, e de sua mesa é possível avistar os setores que comanda. Está acessível a todos os que dele necessitam.

– Pensava ser um bom líder. Ora! Vi que tenho muito a aprender. Gostei da qualificação do Jefferson, líder educador, e fiquei muito interessado em saber o que é – diz Lucas, dando início à conversa.

– Primeiro é bom dizer que liderança é um exercício que se pratica a cada dia. Líder educador é aquele que é capaz de fazer aflorar nos colaboradores o que eles têm de melhor. É diferente de chefiar ou gerenciar. Gerenciam-se recursos, mas pessoas não são recursos; quando muito, conseguimos exercer algum tipo de liderança, se elas permitem. Sabe por que os líderes se aborrecem? Porque querem controlar todos ao redor. Ninguém controla ninguém, essa é a verdade.

– Está bem, mas sinto alta dependência e baixo nível de contribuição nas pessoas que trabalham comigo. Dificilmente oferecem alguma ideia ou tomam qualquer tipo de iniciativa. Esperam sempre que eu ou meu sócio tomemos as decisões.

– É como o elefante de circo – comenta Glauco. – Como pode um paquiderme ficar preso a um pequeno toco? Ele é capaz de arrancar uma árvore e, se quiser, poderá desprender-se da estaca facilmente e fugir. Mas não faz isso. Ele foi adestrado desde pequeno, quando o toco representava um obstáculo real. Agora essa crença permanece e o elefante acredita não ser capaz. Isso também acontece com as pessoas: elas acreditam não poder fazer um montão de coisas, então não conseguem. A única maneira é tentar com muita coragem, muita fé e muito apoio. O bom líder contribui para que elas vençam seus obstáculos.

"Controle de pessoas, isso também faz parte do ciclo da sobrevivência", lembra Lucas. "Daí a repetição no lugar da inovação."

– Acredito que as empresas continuam adestrando seus grupos de trabalho com normas e regulamentos – diz Lucas.

– É verdade. Tratam as pessoas como objetos, não como sujeitos, e isso cria o sentimento de impotência. Nem é preciso dizer para onde vai a autoestima delas! A verdadeira educação começa com a expansão da consciência. Sem a tomada de consciência, uma pessoa não está inteira.

– E nunca precisamos tanto de pessoas inteiras – reflete Lucas.

– As organizações da era industrial criaram sistemas e controles cerceadores. Conseguiram conquistar bons padrões de produtividade, mas afugentaram a criatividade.

– E daí? Eu tenho uma fábrica, preciso de produtividade.

– Não há nada de errado nisso, mas o que interessa é conseguir ganhos de produtividade sem anular o potencial criativo dos colaboradores.

– Mas falta iniciativa. A maior parte quer ser comandada, pelo menos é o que parece – argumenta Lucas, testando Glauco.

– Os colaboradores não terão iniciativa se forem impedidos de experimentar. Mas, para que isso aconteça, é preciso confiar e delegar. Permitir que eles façam uso do próprio potencial criativo. Se você continuar fazendo as coisas pelos outros e tomando decisões por eles, estará criando um bando de fracos.

– Então o que devo fazer é transferir para eles o abacaxi, para eles descascarem…

– Cuidado! Delegar é diferente de abdicar. Se você os deixar soltos, é bem possível que fique frustrado com o resultado do trabalho. Os colaboradores anseiam por bons líderes, mas não líderes autoritários que exigem que todos marchem no seu ritmo ou se adaptem a suas ideias brilhantes. Eles querem líderes que lancem desafios e os façam exercitar os músculos, tomar decisões e enfrentar seus medos cara a cara.

– Isso é o que faz um líder educador?

– Sim, e para isso é preciso abrir novos canais de comunicação, investir nos relacionamentos. Quanto tempo você dedica a seus colaboradores? – pergunta Glauco, servindo café a Lucas.

– Estamos todos muito envolvidos em tarefas. Vivemos rebatendo bolas como num jogo de pingue-pongue – responde Lucas, depois de tomar um gole de café. – Somos bons de raquete, pena que estejamos no jogo errado.

– Essa crise diária é mesmo fatal! Há chefes que só têm duas conversas com os funcionários: quando os admitem e quando os demitem. Nesse entremeio, nem ao menos os cumprimentam. É difícil desenvolver a confiança quando não existe diálogo. E, sem confiança, como trabalhar juntos?

– Essas conversas tomam muito tempo e o dia é curto, não há tempo para fazer tudo o que é preciso – defende-se Lucas, incomodado.

– Como afiar os machados quando faltam lenha e comida?

– Separando o que é causa do que é efeito, ou, se preferir, identificando o tempo dedicado à obtenção de resultados e o tempo gasto na execução de tarefas. Aí entra o líder educador: ele fornece a informação, a orientação e a direção para que as pessoas possam extrair o máximo do tempo. Lembre-se: o líder é um fornecedor interno, não um cliente interno.

– Isso, pelo jeito, vai exigir muitas conversas. Como saber se os colaboradores estão sendo verdadeiros nessas conversas? Nem sempre eles se abrem, dizendo o que pensam e sentem.

– Seus colaboradores serão um espelho de suas práticas. Mostre-se aberto, seja assertivo e, sobretudo, verdadeiro. A credibilidade é o alicerce do líder. Se você perder a credibilidade diante de seu grupo de trabalho, nada mais lhe restará como líder. A credibilidade é conquistada mediante o diálogo franco, a convivência e o exemplo diário.

– E a questão do sigilo de informações?

– Seu colaborador é um parceiro e deve ser tratado como tal. Se você mente ou esconde o jogo, não está tratando seu colaborador como um parceiro. Não espere comprometimento por parte dele. Não se trapaceia com parceiros. É a lei.

– Diálogo com verdade, eis a síntese? – arrisca Lucas.

– Sem dúvida. Quando não há diálogo verdadeiro, prevalecem fantasias e preconceitos. Planta-se a semente do mal, que gera a discórdia, o conflito improdutivo, a desunião! Se você não tem tempo para se relacionar com quem faz o trabalho e produz os resultados, há algo errado no seu modelo de liderança – afirma Glauco sorvendo o último gole de café. – É preciso criar uma relação de confiança excelente, um ambiente em que ninguém pense que outro vai puxar seu tapete. E esse processo começa nas principais lideranças da empresa.

– O que venho notando em minha empresa é que os funcionários estão preocupados apenas com o salário no fim do mês – reclama Lucas, desolado.

– Eles fazem o jogo que você mesmo estabeleceu; se você compra o tempo deles, é isso que eles lhe oferecem: oito horas diárias de trabalho. O cartão de ponto está lá para lembrá-los diariamente do que é mais importante: melhor do que oferecer uma boa ideia é chegar na hora, melhor do que usar a inteligência é ser assíduo, melhor do que gerar lucros é não incorrer em custos. O que eles verdadeiramente querem é mostrar suas competências, sentir-se importantes, influentes e ver significado no trabalho. Liderar é criar essas condições.

– Parece que é preciso conhecer psicologia para liderar. Eu sou engenheiro...

– É preciso entender de gente – reforça Glauco. – Mais que isso: é preciso gostar de gente. Há líderes que se apaixonam pelas máquinas e nem ao menos sabem os nomes de quem as faz funcionar.

Lucas lembra-se da visita de Jefferson a sua fábrica e de seu orgulho ao lhe mostrar as máquinas alemãs... Sente-se envergonhado. Mal conhece as pessoas que lá trabalham.

– Todos precisam conhecer o destino da viagem – acrescenta Glauco – e concordar em ir para lá. E lá precisa ser um lugar envolvente, desejável, que proporcione a todos um intenso sentimento de orgulho.

– Será que estão preparados para um jogo diferente deste a que estamos acostumados?

– Todos querem ter a oportunidade de lidar com mudanças. Anseiam por isso há tempo. O velho estilo de liderança é negativo e se baseia na autoridade, na centralização e no controle. O desafio é romper com ele e instituir a confiança no ambiente de trabalho. A melhor pergunta é: você está preparado?

Lucas engole em seco. Percebe que tem muito a aprender. Glauco continua:

– Há chefes que se vangloriam de não tirar férias e de não pegar resfriado. Trabalham como se fossem viver para sempre. Acreditam que são os únicos capazes de pensar, resolver problemas e tomar decisões. Ora, o sucesso não se faz sozinho, o sucesso é trabalho de equipe.

– Equipe! Está aí um dos meus grandes ressentimentos: não ter formado uma equipe de primeira em minha empresa.

– É... sem equipe não existe empresa única, pois ela é única também por ter uma equipe diferente. Recomendo que você procure o Jairo e trate desse assunto com ele. Mas antes pense no que conversamos.

Glauco ainda serve um último café a Lucas antes que ele saia, pensando em tudo o que ouviu.

Na volta, Lucas sente a chama se acender novamente. Percebe um fio ligando todas as coisas. Está ansioso por levar as boas-novas à sua equipe, mesmo ciente de que vai enfrentar resistências. Mas antes quer saber mais sobre equipe. Acredita que essa conversa vai contribuir muito para a reunião que terá na Firec.

PENSAMENTOS E SENTIMENTOS

O túnel da Mata Fria corta a Serra da Cantareira, entre a zona norte de São Paulo e o município de Mairiporã. É como se separasse dois mundos: a Pauliceia cinzenta de uma paisagem de sonho. O contraste do céu límpido e azulado com o verde exuberante da vegetação transforma o cenário rural em uma obra de arte.

A paisagem é recortada pela Rodovia Fernão Dias e logo adiante avistam-se as placas indicativas da cidade de Atibaia. Lucas prossegue, acompanhando a sinalização, agora na Rodovia Dom Pedro. Seu destino é uma pequena e simpática cidade com cerca de 20 mil habitantes, Piracaia, que em tupi-guarani significa reunião de peixes. O nome não é sem motivo: rios e cachoeiras adornam a região, um pedaço ainda preservado da mata atlântica.

Na cidade, segue o itinerário enviado por e-mail e, depois de algumas perguntas pelo caminho, localiza sem muita dificuldade a empresa em que Jairo trabalha.

Por um momento, Lucas chega a pensar que endoidou e está perdendo tempo: "Afinal, o que estou fazendo aqui com tantos problemas para resolver?" Entretanto, o jeito simpático e acolhedor de Jairo faz com que ele logo deixe para trás o arrependimento.

– Como vão as coisas, Lucas?

– Complicadas. Estamos ora correndo atrás do faturamento, ora perseguindo os pedidos, ora acelerando as ordens de produção. Precisamos muito fazer caixa – diz Lucas, aproveitando a pergunta de Jairo para informá-lo de seus problemas.

– Pois é, isso tudo faz a gente pensar que uma empresa é formada apenas por um sistema de informação.

– Como assim? Não entendi.

– Sabe, Lucas, muitas vezes achamos que uma empresa é como um sistema com entrada e saída, por onde fluem informações. O pedido do cliente, por exemplo, é o principal input, que se transforma em ordem de produção, depois vira um item de estoque, mais além será mercadoria com nota fiscal, chegando ao output. Toda a expectativa é transformar a duplicata em caixa. E mais: torcemos para que esse resultado financeiro cubra todos os custos do processo e sobre alguma coisa, a que costumamos dar o nome de lucro.

– E não é desse jeito que as coisas funcionam?

– Esse é um problema muito comum, Lucas. Certos líderes agem diante de uma empresa como o cego perante o elefante. Pensar numa empresa como um mero sistema de informação é o mesmo que pensar que um elefante é apenas a sua tromba. Essa alienação reduz a empresa a uma atividade meramente mercantil, de poucas possibilidades, empobrecida. Por esses mesmos dutos em que circulam informações também passam pensamentos e sentimentos, e poucos líderes se dão conta disso.

– Continuo não entendendo.

– O que estou tentando dizer é que uma empresa não é formada apenas por informações, mas também por pensamentos e sentimentos, quase sempre esquecidos ou desperdiçados.

– Puxa! Pensei que íamos falar sobre equipes – intervém Lucas, um pouco frustrado.

– E estamos falando de equipes. Há dois sistemas numa empresa: o técnico e o humano. O primeiro abrange dados, informações, processos, normas e procedimentos. Por ser mais regular e administrável, é aqui que a maior parte dos dirigentes de empresas prefere investir tempo e dinheiro. A equipe faz parte do sistema humano, irregular, errático, dependente de oscilações de humor, desejos e saúde, física e psicológica, de seus membros.

– Ora, quando defino normas e procedimentos na empresa, estou, de certa forma, mexendo com o sistema humano...

– Existe uma grande distorção nas empresas: querer determinados tipos de atitudes e comportamentos sem considerar os pensamentos e sentimentos que estão por trás deles, quer sejam ou não adequados. Lucas, responda com sinceridade: você sabe o que pensam e sentem as pessoas que compõem sua equipe?

Reconhece os conhecimentos e as habilidades que elas possuem? Afinal, o que você sabe delas?

Lucas olha para o chão e diz, acabrunhado:

– Pouco sei, para não dizer que nada sei.

– Então, como você pode aproveitar o máximo de seus colaboradores se nem os conhece? Este é um erro muito comum, Lucas: querer os ovos de ouro da galinha e avaliar apenas a qualidade e a produtividade desses ovos. E a galinha, como fica?

–Acho que começo a entender. Você quer dizer que quando cobro pedidos, faturamento, caixa, lucro, resultados, estou concentrado nos ovos de ouro da galinha e pouco interessado na própria galinha.

– Percebe que há uma inversão no ciclo de causa e efeito? – pergunta Jairo, animado com a resposta de Lucas. – Vamos deixar a metáfora de lado. O que é uma equipe?

– Um conjunto de pessoas que trabalham voltadas para um objetivo em comum – responde Lucas.

– Isso é uma pequena parte do que é de fato uma equipe. Podemos acrescentar outros componentes: responsabilidades mútuas, conhecimentos complementares, informações compartilhadas etc. Tampouco é só isso. Os membros de uma equipe sabem que o melhor que podem oferecer uns aos outros e ao negócio são seus pensamentos e sentimentos. E aí voltamos ao ponto em que estávamos.

– Aí você está entrando em um território onde não há acordo. Cada um pensa de um jeito e sente de outro. Desculpe a falsa modéstia, mas acho que pelo menos isso está resolvido em minha empresa. Meus gerentes se respeitam e não existem conflitos de nenhuma natureza – afirma Lucas, orgulhoso de estar fazendo algo certo.

– Se lá não existem conflitos, é possível que também não haja boas ideias, soluções criativas para os problemas e decisões inovadoras.

Lucas sente-se mais uma vez pego de calças curtas. Era a mais pura verdade. De fato, sua equipe gerencial fazia o que precisava ser feito, sem nenhum esforço de imaginação.

– Sabe, Lucas, o conflito é da natureza do trabalho em equipe. Quando as pessoas estão comprometidas, querem defender seus pontos de vista, e isso faz com que discutam no plano da divergência, e não da convergência. Mas é exatamente no plano da divergência que surgem as melhores ideias.

– Mas isso pode acarretar ressentimentos nos membros da equipe.

– É aí que entra a prática do consenso, a capacidade de apoiar determinada decisão, ainda que ela não represente a vontade pessoal.

– Isso exige grande maturidade do grupo.

– Exige confiança! Guarde esta palavra, por favor: con-fi-an-ça! – enfatiza Jairo.

– Mas acho que o consenso não elimina os rancores que podem surgir – insiste Lucas.

– É verdade, nem sempre o consenso acaba com as indisposições causadas por discussões muitas vezes acaloradas. Aliás, consenso significa aprofundar as divergências, e isso intensifica as discussões. O objetivo do consenso é aproveitar ao máximo as informações, os conhecimentos e as ideias dos participantes de um grupo. É levá-lo ao limite para que possa encontrar a melhor solução para algum problema. Portanto, é um processo muito diferente de escolher pela maioria e simplificar a decisão por meio de votação.

– Tenho a impressão de que a prática do consenso requer muito tempo.

– Com inúmeras vantagens: cria comprometimento, gera aprendizado, fortalece a equipe. É tudo o que se conquista enquanto se resolvem problemas de todo tipo. Acha pouco? Quando há confiança, porém, nem sempre é preciso consultar a equipe acerca de tudo. Às vezes tomo decisões sem ouvir o grupo. Minha equipe tem consciência de que faço o melhor possível nas circunstâncias. E todos apoiam minhas decisões.

– Mas você ainda não me respondeu sobre os rancores – lembra Lucas, curioso.

– É aí que entram as conversas de valor, nas quais todos podem demonstrar seus sentimentos e praticar o diálogo franco e aberto.

A maior parte das empresas não adota essa prática por não entender que os sentimentos fazem parte do trabalho e influenciam sobremaneira as decisões e os resultados. Continuam enxergando a empresa como um sistema de informações, como eu já disse. Preferem centrar-se nas informações de desempenho a discutir o que faz ou desfaz o desempenho.

– De fato, já tivemos discussões intermináveis na Firec, talvez por falta desses diálogos abertos, francos e na hora certa.

– Aqui, fazemos reuniões semanais, todas as segundas-feiras à tarde, para falar de nossa equipe. Não queremos tratar de problemas funcionais e organizacionais nessas reuniões, e sim saber como cada um está se sentindo na equipe, seus desejos, seus ressentimentos, suas críticas e sugestões. Queremos zerar o rancor. Esse sistema tem fortalecido cada vez mais a qualidade do nosso trabalho em equipe. Eu mesmo descobri muita coisa a respeito de mim que não sabia. Todos carregamos *pontos cegos*.

– *Pontos cegos*, o que é isso? – pergunta Lucas, *curioso*.

– São informações que outras pessoas possuem a respeito de nós, mas que não sabemos. A única forma de conhecê-las é conversar com quem possui essas informações e esteja disposto a fornecê-las caso nos mostremos abertos e receptivos.

A acanhada sala de reuniões onde Lucas e Jairo conversam parece um pequeno aquário, mas nem mesmo as pessoas que passam do lado de fora, visíveis através das paredes de vidro, conseguem abalar a concentração e o interesse de Lucas pelos ensinamentos de Jairo. Ele começava a entender um dos motivos dos baixos resultados da Firec.

– Lucas, é preciso desobstruir os dutos por onde circulam informações, pensamentos e sentimentos para criar empresas arejadas, fluidas, livres. Somente assim tiraremos proveito do trabalho em equipe. Afinal, são as pessoas que fazem o trabalho e produzem os resultados. Geralmente elas têm muito a oferecer, isto é, quando a liderança deixa e o sistema permite. Então é bom que o sistema de trabalho funcione bem.

– E como manter a motivação da equipe elevada sete dias por semana?

– Lançando desafios na medida certa, nem aquém da capacidade das pessoas, pois isso as levaria ao tédio, nem além de suas possibilidades, o que causaria ansiedade desnecessária. Uma equipe deve crescer após cada novo desafio. Se cumprir apenas a rotina diária, então estamos falando de um grupo de trabalho ou de um bando de gente trabalhando ao mesmo tempo. Ainda não é uma equipe.

Dessa vez Lucas consegue definir sua equipe na Firec: um grupo de trabalho (ou será um bando de gente trabalhando ao mesmo tempo?). Os desafios são quase sempre os mesmos, e além do mais...

– Vale lembrar – Jairo conclui, interrompendo os pensamentos de Lucas – que os desafios deverão sempre estar relacionados com os propósitos da empresa, com sua visão de futuro.

Lucas lembra que Sidney havia dito que as pessoas anseiam por significados. Fazendo a ligação com o que acaba de ouvir, conclui: as pessoas precisam de desafios com significados.

– Jairo, como saber se a equipe está pronta?

– Uma equipe nunca está pronta, Lucas. O sistema humano é diferente do técnico, que você pode regular, padronizar, normatizar. O sistema humano, como eu já disse, é oscilante. Liderar equipes é trabalho para o resto da vida. O importante é que quanto mais progredimos como líderes, mais nos desenvolvemos como seres humanos. E acredito que isso faça parte dos objetivos pessoais de todos, não é?

– Devemos considerar também que os integrantes de uma equipe evoluem em tempos e de formas diferentes. Como lidar com isso?

– Boa pergunta. O coletivo jamais deve substituir o individual. Cada um tem suas inteligências, seus conhecimentos, seus potenciais, seus trejeitos. A grandeza do trabalho em equipe está em reconhecer essas diferenças e fazer o melhor uso delas de acordo com o tipo de desafio. Alguns se darão melhor em desafios mais empreendedores, outros contribuirão mais em desafios administrativos. Outros ainda ficarão mais satisfeitos em contribuir, quando o desafio está relacionado a conflitos, relacionamentos ou integração de pessoas. Todos são necessários, e uma organização depende de todo esse conjunto de competências.

– O que mais você ganhou com a formação de uma equipe?

– Tempo! Antes não tinha tempo para nada, hoje já tenho com quem contar e boa parte do que fazia deleguei a minha equipe. Com isso ganhei também qualidade de vida. Não preciso mais trabalhar catorze horas por dia. Sinto-me feliz também em ver que a qualidade de meus relacionamentos melhorou consideravelmente. Tudo isso contribui para nossa alegria de viver.

Lucas respira fundo. Tem um grande desafio pela frente. Enquanto Jairo anota os dados de seu próximo interlocutor, ele pensa nas próximas etapas na Firec. Despede-se de Jairo e sai caminhando entre os canteiros do pátio da empresa até o estacionamento. Atravessa mais uma vez o centro da pequena e simpática cidade de Piracaia e pega a estrada para São Paulo. Encanta-se ao avistar o Morro da Pedra Grande, em Atibaia.

A ARCA DO TESOURO

Havia sido um dia cansativo, porém proveitoso. Lucas deixa a pasta no escritório e dirige-se à sala para ouvir as mensagens da secretária eletrônica. "Quem sabe há algum recado de Joana", pensa, esperançoso. Quem dera! A gravação anuncia a voz incisiva de Luiz Olavo: "Precisamos fazer uma reunião urgente! Esteja na Firec amanhã de manhã, às oito horas." Não parecia nada amistoso. "Pelo jeito, os problemas se agravaram", pensa Lucas, conferindo os dados da pessoa indicada por Jairo. "É melhor ir à reunião na Firec", decide. "Desta vez tenho mais a dizer. De fato, a *Rota do Ouro* não está completa e não garante, por si só, os resultados de que a empresa necessita. Vou preparar uma nova apresentação."

Às sete e quarenta e cinco da manhã, Lucas aperta a buzina de seu *off-road* anunciando ao porteiro sua chegada. Gregório, o sinistro, havia sido demitido na última leva, por insistência do próprio Lucas. O novo porteiro o reconhece e abre o portão.

Todos o aguardam na sala de reuniões:

– Bom dia a todos, trago novidades – cumprimenta Lucas, sorridente.

– Nós também temos novidades, Lucas – intervém Luiz Olavo. – Vamos pedir concordata.

– Fizemos todas as projeções financeiras possíveis e impossíveis, não há salvação – acrescenta Aristides, dramático.

– De fato, o mercado está reativo. Vivemos uma grande recessão. Pelo que sabemos, a situação não é diferente entre os concorrentes – justifica Tavares.

Ferreira e Soraia nada dizem. Lucas nota a prostração envenenando o ambiente. Tenta argumentar:

– Podemos falar da concordata daqui a pouco. Mas antes gostaria de voltar a falar da Rota do Ouro – diz Lucas.

– De novo, Lucas! Você ainda não entendeu a enrascada em que estamos? – protesta Luiz Olavo, impaciente.

– Não temos nada a perder – incentiva Soraia. – Gostaria de saber o que Lucas tem a nos dizer.

Entre resmungos e lamentos, Lucas começa sua apresentação:

– Lembram-se desta ilustração? – Ele mostra a síntese sobre a *Rota do Ouro*.

– Vocês fizeram bem em rejeitá-la. A Rota do Ouro não estava completa. Mostrei a vocês como se cria uma boa intenção, mas não apresentei as condições necessárias para que essa intenção se realize.

Da maneira mostrada, o resultado seria um sonho, um devaneio, um desejo sem nenhuma base de concretização.

– De *não* realizações eu entendo bem – diz Aristides, irônico.

– Pois bem! Os meus anjos vieram novamente me socorrer e obtive novos ensinamentos.

– Ai, santa paciência, você e esses seus anjos de novo – intervém Luiz Olavo, incomodado.

– Calma! Vamos ouvir – insiste Soraia.

– Vou ser direto: falta-nos a Arca do Tesouro! – diz Lucas com veemência.

– *Arca do Tesouro?* – resmunga Ferreira, abrindo a boca pela primeira vez nessa manhã.

– Você inventa cada uma, hein, Lucas? – ironiza Tavares.

Luiz Olavo, impaciente, pega a xícara de café enquanto Lucas continua a apresentação.

– Senhores, a Firec é uma empresa sem alma. Falta-nos a energia necessária para sair desta. Qualquer que seja o destino traçado, sucumbiremos, se não houver energia.

Pela primeira vez Lucas consegue atrair a atenção de todos.

– Mesmo que nossa opção seja a concordata, o baixo comprometimento das pessoas nos levará mais rápido para o fundo do poço.

– Mas, afinal, o que é essa tal Arca do Tesouro? – pergunta Aristides, disfarçando seu desinteresse.

– A *Rota do Ouro* dá a direção – explica Lucas –, mas é a Arca do Tesouro que nos oferece o combustível para que possamos chegar lá.

– É claro que esse combustível é a energia a que você se referiu há pouco. Em outras palavras: nossos funcionários estão desmotivados – resume Tavares, tentando simplificar.

– Disso não tenho dúvida – avaliza Soraia.

– A desmotivação é apenas um dos sinais da falta de alma que existe em nossa empresa. Se ficarmos restritos a esse diagnóstico, acabaremos remediando com bônus e prêmios de produção ou dando benefícios e outras atenuantes, que é o que sempre fizemos.

– O que é, então, essa falta de energia? – pergunta Ferreira, curioso.

– A falta de energia está relacionada com nosso baixo nível de consciência. Não sabemos por que ou para que existimos. Não reconhecemos nossos clientes. Não estamos comprometidos com eles. Pensamos neles como conta de faturamento, apenas. Acho até que não gostamos deles.

Lucas apresenta a ilustração que havia preparado e continua:

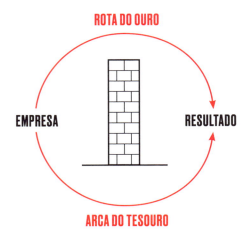

– Diante dessa alienação, somos uma empresa sem sentido. A falta de sentido cria uma porção de tarefas sem significado. Aí está o xis da questão: as pessoas não veem significado naquilo que fazem. Com isso, o trabalho em nossa empresa é enfadonho, entediante e repetitivo.

Soraia demonstra, na expressão do rosto, aprovação às palavras de Lucas.

– É claro que as pessoas só trabalham para garantir o emprego e o salário no fim do mês. É o mínimo que exigem como indenização por gastar tanto tempo de sua vida com algo em que não veem significado.

– Lucas olha ao redor e acrescenta, implacável: – E acredito que isso ocorre também conosco, que somos as principais lideranças da empresa.

Nem uma palavra. Lucas prossegue, impassível:

– Somos um bando de gente que se agita diariamente rumo a lugar nenhum. Essa é uma parte do nosso problema. Mesmo que soubéssemos o destino, nos faltaria vontade. E ainda, pretensiosos que somos, ambicionamos resultados. Queremos ser recompensados por quê? Qual é a nossa contribuição?

Sem conseguir se conter, Luiz Olavo rompe o silêncio:

– Alto lá, Lucas! Você está exagerando. Temos nossas metas... está bem... são apenas numéricas... não têm a ver com essa sua Rota do Ouro... mas temos objetivos... as pessoas sabem o que se espera delas...

– Esperamos muito pouco das pessoas em comparação com o que elas podem dar – interrompe Lucas. – Elas querem e precisam dar mais. É da natureza humana sentir-se útil, servir, criar e levar uma vida distante da mediocridade.

Luiz Olavo tenta argumentar, mas Lucas prossegue, inspirado, sem saber direito de onde vêm suas palavras:

– Continuamos contabilizando as perdas e os desperdícios de tempo e material na fábrica e em toda a empresa, mas nos esquecemos de contabilizar o maior de todos os desperdícios, que é o de talento humano. Robotizamos as pessoas, planejamos trabalhos repetitivos que exigem muito pouco de sua inteligência e sua criatividade, nós as transformamos em mão de obra descartável até que sejam reduzidas a mero custo na demonstração de resultados da empresa. Aí, então, não titubeamos em passar a tesoura.

Aristides olha para os lados, incomodado. Tavares acende seu sexto cigarro. Ferreira olha para o chão, taciturno. Mais comedido, Lucas prossegue:

– Todos querem mais do que um emprego medíocre. Somos seres em busca de significado, de algo que nos torne influentes e nos dê um senso de capacidade e estima. Queremos ter uma história que possamos nos orgulhar de contar. Aí está a Arca do Tesouro como um percurso complementar que leva a resultados – diz Lucas, apresentando uma nova ilustração. – A liderança é fator-chave para obter o comprometimento. Ele depende da credibilidade do líder, de sua capacidade de inspirar confiança e também da maneira como faz uso do poder – explica Lucas, perguntando em seguida: – Qual é o estilo de liderança que adotamos na Firec?

– Levamos o pessoal no cabresto – admite Ferreira.

– E com isso conseguimos alguma obediência, mas nada que se aproxime da energia do comprometimento, que leva aos melhores resultados – acrescenta Lucas. – Dependendo do modelo de liderança que utilizarmos, seremos capazes de formar equipes vencedoras. Para isso, teremos de substituir o modelo competitivo, que sempre adotamos, pelo modelo cooperativo.

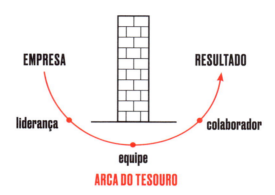

– Isso significa abolir o concurso mensal de melhor vendedor? – pergunta Tavares, com ironia.

– Cultura tem muito a ver com coerência. Não podemos pregar cooperação e instituir um modelo competitivo de remuneração. Os membros de uma equipe perdem ou ganham sempre juntos. Somente assim serão capazes de aprender, também juntos, o que leva à vitória ou ao fracasso. Aprender em equipe é fundamental para conquistar resultados melhores.

– No trabalho em equipe também deixamos muito a desejar... – comenta Aristides.

– Se o cliente é a personagem mais importante da Rota do Ouro, o colaborador é a personagem mais importante da Arca do Tesouro. Ele traz dentro de si um grande potencial de realização por intermédio de seus talentos e competências únicas. Desde, é claro, que o modelo de liderança e o sistema organizacional permitam que eles aflorem. O modelo completo do resultado está na próxima ilustração.

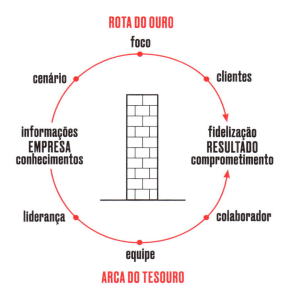

Todos olham, admirados. Esse modelo é, sem dúvida, mais complexo e completo que a batida equação que subtrai as despesas das receitas.

– O desafio da Rota do Ouro é conseguir a fidelização dos clientes. Mas isso só ocorrerá se a Arca do Tesouro for descoberta. Então haverá energia suficiente para mover montanhas. Essa energia se traduz no comprometimento dos colaboradores.

Esta é a síntese de Lucas: fidelização dos clientes e comprometimento dos colaboradores, comprometimento dos clientes e fidelização dos colaboradores: a ordem dos fatores não altera o resultado. Essa é a principal meta que uma empresa pode almejar. Não se trata de um jogo de palavras. Trata-se de uma profunda tomada de consciência: significa deixar de trabalhar para os clientes e passar a trabalhar com os clientes, trocando informações, conhecimentos e experiências; significa deixar de produzir bens, vender mercadorias e prestar serviços e passar a honrar *compromissos.*

Todos agora o escutam com atenção.

– O desafio é grande, como vocês podem ver, mas também repleto de possibilidades. É nossa chance de transformar a Firec em uma empresa única e obter resultados excelentes; de construir um lugar pelo qual vale a pena pular cedo da cama e nos dedicarmos por inteiro, oferecendo nosso tempo e nosso esforço sem arrependimento; de nos sentirmos orgulhosos de nossos feitos; de construir um empreendimento bom para todos os que, direta ou indiretamente, estão envolvidos: colaboradores, clientes, fornecedores, financiadores, investidores e até concorrentes. Todos devem sentir-se felizes em fazer negócios conosco. Aqui cada um dos líderes precisa crescer dia a dia como profissional e, sobretudo, como um ser humano que quer deixar sua marca e ter o que contar a seus filhos e netos.

Diante do mais completo silêncio, Lucas faz um apelo:

– Quem topa o desafio?

– Eu topo – responde imediatamente Soraia, com um sorriso aberto.

O silêncio volta a invadir a sala. Lucas olha para cada membro da equipe em busca de apoio. Ouve-se um murmúrio condoído.

– Eu também topo.

Todos olham atônitos para o autor da frase, surpresos com a adesão inesperada.

CONCESSÃO VITAL

Ferreira havia migrado do Nordeste com a família ainda criança. Teve a sorte, como gosta de contar, de ter deparado em sua vida com o Dr. Fontana, pai de Luiz Olavo.

Naquele tempo, o Dr. Fontana iniciava seu primeiro empreendimento, juntamente com outros sócios. Ferreira foi contratado, era do tipo faz-tudo. Ganhou a confiança do empresário e sentia-se privilegiado em poder acompanhá-lo em tantas andanças país afora. A pequena construtora do Dr. Fontana transformou-se com o tempo em um grande complexo de construção civil voltado tanto para obras públicas de infraestrutura como para o setor privado.

Sempre solícito, Ferreira cumpria como um fiel escudeiro as ordens do patrão, como gostava de chamá-lo. Sua vida era a vida do Dr. Fontana. Não teve tempo para os estudos, o Dr. Fontana não dava valor a isso. Conseguiu, apesar de contínuas ausências, constituir família e educar dois filhos. Aí estava seu maior orgulho. Era como se os filhos, ambos graduados, carregassem por ele as honras de não ter tido formação superior.

Ferreira aprendeu a liderar no peito e na raça. Nunca, em toda a sua vida, participou de um treinamento sobre liderança. Ainda assim, sempre ocupou postos de chefia. A construtora havia sido uma grande escola. Lá, teve de lidar com os chamados peões de obra. São incontáveis as histórias que vivenciou nesses longos anos de experiência.

Ferreira passou a maior parte da vida trabalhando, já que começara muito cedo, criança ainda. Não via sentido na vida fora do trabalho. Quase entrou em depressão quando se aposentou. A esposa se acostumara com sua ausência e, portanto, não havia lugar para ele na própria casa. Tentou se enturmar com o pessoal da terceira idade do bairro, mas sentia-se jovem e muito disposto para entregar o restante de sua vida ao jogo de bocha.

Acreditava que ainda tinha muito a oferecer, principalmente disposição e experiência.

Os projetos do Dr. Fontana, agora sediado em Brasília, já não precisavam dos dotes de Ferreira. Daí a indicação para que trabalhasse na indústria do filho, necessitada de alguém experiente e de pulso forte para comandar o pessoal da fábrica. Luiz Olavo acatou de bom grado a oferta. Tinha, por parte de seu pai, as melhores referências da disposição e da lealdade do assíduo empregado.

Ferreira sentiu-se muito feliz no novo trabalho. Via em Luiz Olavo a energia e a determinação do pai. Sentia-se bem como seu braço direito, pois fora por vários anos o braço direito do velho empresário. Estava em casa. Era como se já trabalhasse na Firec havia muitos anos. O ambiente lhe era familiar e fazia o que sempre soube fazer: extrair produção das pessoas a qualquer custo.

Com Ferreira não havia tempo ruim. Toda hora era hora, o que importava era cumprir os compromissos de produção. Se fosse preciso, colocava a tropa, como gostava de chamar o grupo, para fazer hora extra. Não estava muito preocupado com a vida pessoal dos funcionários. Usava todos os meios de coação e pressão para conseguir seus intentos. Seus subordinados sabiam que a melhor receita era obedecer a ele. Em troca, Ferreira era muito prestimoso com todos. Contam-se histórias sobre funcionários com problemas de saúde e financeiros socorridos por "seu Ferreira", como era chamado na Firec. Era como se existisse um fiapo de generosidade por trás daquele homem sisudo, às vezes truculento e de poucos sorrisos.

As palavras de Lucas naquela manhã o haviam ferido como uma navalha. Reconheceu-se em várias situações. Percebeu que, na verdade, não vivera sua vida. Vivera a vida do Dr. Fontana e, para garantir sua sobrevivência, havia barganhado o medo de que faltasse algo para ele e sua família em troca do trabalho sem limite. Num breve balanço, sua vida era uma concessão. Seu ato de maior bravura, em toda a sua vida como empregado, foi dizer "Eu também topo" naquela manhã, sob o olhar acusador do patrão. Fora como uma libertação para ele!

E, como havia muito tempo não fazia, exibiu um leve sorriso na face taciturna.

SEM MEIAS MEDIDAS

A adesão de Ferreira deixa Lucas feliz. Ele sabe que não conseguirá transformar a Firec sem o apoio de outras pessoas, principalmente dos líderes. Precisa de aliados e agora pode contar com Soraia e Ferreira. Lucas não havia concluído, porém, sua maratona de conhecimentos. A reunião na Firec ocorreu antes do que ele gostaria, mas valeu a pena. Dessa vez não quer se precipitar e dar seu aprendizado por encerrado antes do tempo. Acata a sugestão de Jairo e resolve encontrar o próximo interlocutor.

O sistema de rodízio municipal não permite que o carro de Lucas circule nesse dia. Ele marca o encontro em um lugar próximo ao Parque do Ibirapuera. José Carlos chega no horário marcado, ao volante de seu jipe. Depois dos cumprimentos, Lucas entra no carro e ambos seguem para a zona sul da cidade. José Carlos inicia a conversa:

– Lucas, soube que você está em busca de resultados.

José Carlos é do tipo bonachão, sua conversa é simples, agradável e direta. Ouve Lucas com atenção e interesse.

– Tenho aprendido muito sobre o que dá resultado na empresa. O que ainda me falta saber?

José Carlos responde com outra pergunta:

– Se você sabe o que dá resultado, ótimo! E agora? Como medi-lo?

– Posso dizer como fazemos na Firec. Aristides, o gerente financeiro, elabora os relatórios que medem os resultados econômico-financeiros da empresa. Muitas vezes esses relatórios são feitos com atraso e, então, são de pouca valia.

– O problema dos relatórios econômico-financeiros, também chamados de balanços, é que eles medem ganhos e perdas, mas não informam os fatores que ocasionaram esses ganhos e essas perdas.

– Se entendi bem, você está querendo dizer que tenho, nesses relatórios, os indicadores dos efeitos, mas não os indicadores das causas. É isso?

– De certa forma.

José Carlos mostra o painel de controle de seu jipe.

– Olhe, Lucas. Estas luzes indicam as condições do motor, do sistema de aquecimento, da carga da bateria… Estas outras indicam as condições do sistema de tração e dos freios.

Lucas observa os indicadores do amplo painel de instrumentos.

– Estes instrumentos – aponta José Carlos – medem a temperatura, o giro do motor, a velocidade, a distância percorrida, a pressão do óleo e o nível de combustível.

– O que tudo isso significa?

– Que esses indicadores são importantes, mas não garantem o destino da viagem e a destreza do motorista.

José Carlos prossegue em sua analogia:

– Muitos dirigentes empresariais acreditam ser capazes de melhorar os resultados apenas manipulando números ou avultando as metas. É o mesmo que acreditar que este painel de controle é capaz de assegurar uma viagem bem-sucedida.

– Ter indicadores não garante os resultados… é isso?

– É isso – e, aproveitando que estão nas proximidades do Estádio do Morumbi para fazer outra analogia –, é como jogar a partida olhando para o placar. É claro que isso não garante a vitória.

Enquanto passam pela grande massa de concreto, José Carlos acrescenta:

– Você deve ter aprendido com meus colegas sobre o que dá resultado numa empresa: de um lado, o bom relacionamento com o mercado e, de outro, o bom relacionamento com a equipe…

– Dei o nome, por minha conta, de *Rota do Ouro* ao relacionamento com o mercado e de *Arca do Tesouro* ao relacionamento com a equipe.

José Carlos sorri, aprovando a maneira como Lucas traduz seu aprendizado.

– Levando em conta sua terminologia, o que estou tentando dizer é que, tão importante quanto medir os indicadores econômico-financeiros, é medir os indicadores da *Rota do Ouro* e da *Arca do Tesouro*.

– Ou seja, quantificar também as causas dos resultados, e não apenas os efeitos.

– Se uma empresa consulta apenas os indicadores econômico-financeiros, ela atrai a atenção e a preocupação das pessoas apenas para esses aspectos, descuidando dos demais.

– É o que acontece na Firec e em outras empresas que conheço. José Carlos estaciona o jipe diante de um edifício. Ambos atravessam o saguão de entrada e se dirigem ao oitavo andar enquanto José Carlos comenta o que faz nas horas de lazer:

– Gosto de fazer trilhas. Gosto do risco do desconhecido, de transpor obstáculos inesperados. Posso me defrontar com lama e barro, chuva e tempestade. Uma vez tive que atravessar uma mata que estava pegando fogo.

A conversa continua, agora na sala de reuniões:

– Lidar com o mercado e com a equipe é como fazer trilha. Até mesmo as trilhas conhecidas modificam-se com a erosão e outros fatores naturais. É preciso trabalhar com as incertezas. Por isso é equivocada a atitude de persistir nos mesmos indicadores de desempenho, quando o ambiente e as condições estão em constante mudança.

– Compreendo. Não é possível usar velhos indicadores para medir novas estratégias.

– Vamos raciocinar juntos. Na velha economia o jogo era a otimização dos ativos. A taxa de retorno, considerada o principal indicador do desempenho de uma empresa, media a capacidade dos ativos de gerar lucro.

José Carlos levanta-se e escreve na lousa branca presa à parede:

$$\text{TAXA DE RETORNO} = \frac{\text{lucro}}{\text{ativo total}} \times 100$$

– Como você pode ver, Lucas, o foco das atenções estava direcionado para a otimização dos ativos e para aumentar o retorno dos acionistas.

– E onde está o problema?

– O problema é que essa equação não contempla a sua Rota do Ouro nem a sua Arca do Tesouro.

– Isso é mau – resmunga Lucas.

– Pouca atenção é dada às pessoas, sejam clientes ou colaboradores. Isso acarreta uma inversão na ordem das coisas: vale mais diminuir o prazo médio de estocagem do que satisfazer o cliente, a queda no índice de inadimplência é mais importante que manter um cliente para o resto da vida, acertar o setup das máquinas é prioritário em relação ao treinamento dos operários, informatizar o estabelecimento comercial tem primazia sobre desenvolver o comportamento empreendedor do vendedor, investir no cliente ou no aprendizado da equipe vale menos que reduzir custos. E assim por diante.

– E é o que ocorre… – concorda Lucas.

José Carlos retorna à lousa e escreve a seguinte equação:

$$RESULTADO = F \text{ (capital humano)}$$

– Lucas, como você pode ver, resultado é a variável dependente, enquanto *capital humano* é a variável independente. Um não se altera sem o outro. E não adianta sonhar: enquanto o tamanho da variável independente não muda, não se altera o tamanho da variável dependente. É uma verdade matemática!

– Aprendi com Sidney que o capital humano é formado pelo conjunto de conhecimentos e experiências dos clientes e colaboradores de uma empresa. É a isso que você está se referindo?

– Exatamente! Por isso a fórmula anterior, que mede a taxa de retorno, está incompleta, a menos que se acrescente ao ativo total também o capital humano.

– Ou seja, o principal capital formador de riqueza não está contemplado na questão – conclui Lucas.

– É isso mesmo. É importante ter também indicadores da satisfação dos clientes e dos colaboradores. Se você pretende ter uma empresa única, não pode avaliar o desempenho com os mesmos indicadores utilizados por todas as outras empresas. É fundamental que sua empresa crie os próprios indicadores de desempenho.

– Você pode dar um exemplo?

– Sua empresa pode criar indicadores de desempenho que levem em conta o que você denominou Rota do Ouro, como satisfação, captação e fidelização de clientes, ou relacionados à Arca do Tesouro, como qualidade de comunicação, grau de motivação e índice de criatividade da equipe. Deem a eles os nomes que desejarem. Seus colaboradores gostarão de medir e avaliar os indicadores que eles próprios escolheram.

– Acho difícil mensurar alguns desses indicadores que você citou.

– Nem tudo que é importante pode ser quantificado, mas pode ser percebido e sentido. Um cliente talvez não consiga mensurar sua satisfação, mas sabe dizer o que sente de positivo ou negativo no atendimento recebido. O mesmo acontece com um colaborador. Talvez ele não consiga avaliar seu grau de motivação ou de comprometimento, mas pode expor seus sentimentos com relação a esses fatores.

José Carlos levanta-se novamente, agora para servir o café, e continua sua explicação:

– Lucas, essa prática vale tanto para uma empresa como para um departamento ou um setor. No caso desses últimos, considere o cliente interno. O processo é o mesmo.

– Não parece simples...

– Acontece que não estamos acostumados a conversar com os clientes e colaboradores, pois nossa preocupação é otimizar os ativos. Existem alguns ganhos importantes resultantes da criação de indicadores de desempenho do capital humano. Primeiro, poder colocar a atenção de todos onde interessa; segundo, poder criar aprendizado para a equipe ao mesmo tempo que se colhem e se compilam as informações sobre os indicadores de desempenho; por último, poder estabelecer metas mais abrangentes, e não somente aquelas imediatas ou de curto prazo, voltadas aos resultados econômico-financeiros.

– Entendi. É uma maneira de ir além dos objetivos de mera sobrevivência – conclui Lucas. – Isso parece dar um bocado de trabalho.

– Menos do que você imagina, mas o mais importante é que você e a sua equipe vão fazer o que precisa ser feito. Lucas, se você, como líder, não está ligado em seus clientes ou em seus colaboradores, provavelmente deve estar ocupado com alguma coisa desnecessária ou de menor importância – José Carlos conclui com firmeza.

Lucas engole em seco ao pensar em toda a sua agenda burocrática e no enorme desperdício de tempo.

TOPOGRAFIA MUTANTE

Fora um dia produtivo. Lucas não havia pensado nos indicadores de desempenho quando criara seu modelo. Sem eles, como saber se a empresa estava na direção certa, no caminho correto e na velocidade adequada? Se o mercado fosse parecido com uma rodovia, bastaria um mapa, mas quando o mercado é como as dunas de Genipabu, que mudam a cada instante, o melhor é ter uma bússola. Essa era a finalidade dos indicadores de desempenho sugeridos por José Carlos: ser uma bússola que oriente, a qualquer momento, a trajetória da viagem. Sem perder tempo, Lucas anota os novos conhecimentos e complementa seu modelo.

Antes de tomar banho, acessa a internet e o correio eletrônico. Há uma mensagem de Aristides. "Qual será a boa-nova?", pensa Lucas.

Sr. Lucas,

Fracassei como empreendedor. Negligenciei uma porção de coisas, agora mais claras em minha cabeça. Pensei muito na sua apresentação e no seu apelo. Nunca construí uma história de sucesso em toda a minha trajetória profissional. Afugentei o sucesso quando vi que se aproximava. Espantei-o com as mais diversas desculpas: o governo, a escassez de capital, os juros, a má qualidade da mão de obra, os fornecedores… Desculpas não faltavam, era fácil arranjá-las. Difícil era dar nome aos meus medos.

Estou vencendo um deles agora, o de colocar abertamente os meus sentimentos diante do meu empregador. Os empregadores não gostam de fracassados e preferem os que mantêm a pose de destemidos ou os que acobertam seus medos. No entanto, sinto acolhimento e complacência nesse novo Lucas. Aqui estou, com todas as minhas fraquezas, mas disposto a empregar minha energia na construção de uma nova empresa. Quero empreender internamente e contar, perante todos, minha primeira história de sucesso.

Conte comigo.

Aristides

Dessa vez é uma trégua. "Parece que os bons ventos da sorte começam a soprar a meu favor", pensa Lucas. "A adesão de Aristides muda o escore."

Em seguida, ele olha o porta-retratos sobre a escrivaninha. Sente saudade. "Em breve terei boas-novas para você também. Durma bem, querida."

Há muito tempo Lucas não se sente tão otimista. Mas sabe dos obstáculos que tem pela frente. Entre eles, dissuadir Luiz Olavo de sua posição. O desafio é grande. As crenças arraigadas de Luiz Olavo faziam dele o principal oponente de suas proposições. As ideias de Luiz Olavo sobre mercado, negócio, empresa e empregados são muito diferentes das que Lucas agora apregoa.

O osso era duro de roer...

PULSAÇÃO EM DESATINO

Os problemas são muitos e Luiz Olavo, mais uma vez, tem de fazer serão, mas mantém o encontro marcado com os amigos. Por nada neste mundo faltaria àquele jantar, regado a um bom vinho francês.

"Não bastassem os problemas de todos os tipos, ainda temos que aguentar as ausências do Lucas", pensa Luiz Olavo, dirigindo-se ao estacionamento da fábrica. "Quando retorna é ainda pior, sempre com a cabeça cheia de ideias inspiradas em um bando de malucos desconhecidos."

Acena para o novo porteiro e vira à direita, assobiando uma cançoneta francesa para despistar o cansaço. Para no semáforo da esquina, perto da empresa.

– Passa pra lá, doutor.

Por essa Luiz Olavo não esperava. O cano do revólver na fresta da janela do carro era ameaçador.

– Rápido! Não tenho tempo pra perder – grita o bandido ao abrir a porta e empurra Luiz Olavo para o banco traseiro. Outro bandido acomoda-se no banco do carona. Luiz Olavo entra em pânico.

– Saí da cadeia faz um mês. Não tenho nada pra perder. Quero ouro e dinheiro. Não vou pensar duas vezes antes de estourar seus miolos, se o bacana não colaborar.

Luiz Olavo sente um frio percorrer a espinha.

Bem-apessoado, o bandido tem estatura média, veste jaqueta preta e age com frieza e determinação. Luiz Olavo logo percebe que é vítima de um sequestro-relâmpago, desses que acontecem todos os dias na Grande São Paulo. Tenta manter a calma, mas o coração insiste em bater em desatino.

– Passa tudo o que tiver e não tenta reagir. Quero carteira, cartões, relógio, aliança, ouro, dinheiro.

Sem pensar duas vezes, Luiz Olavo entrega seus pertences ao bandido. Apesar do medo, ele toma coragem e pede:

– Deixe meu relógio, por favor, é de estimação.

O bandido faz cara feia, resmunga e coloca o Rolex prateado no próprio pulso, divertindo-se com as súplicas da vítima. Com o revólver no bolso da jaqueta, agora ele procura um caixa eletrônico, enquanto o parceiro vigia Luiz Olavo.

– Passa a senha pro meu parceiro. Vamos limpar tudo o que der – ordena.

Estaciona na frente de um caixa eletrônico. Fica no carro com Luiz Olavo enquanto o outro desce para fazer a retirada. Luiz Olavo tenta conversar para manter a calma:

– Posso parecer rico, mas não sou.

– Sei muito bem da sua vida, doutor. Não tente me enganar. É casado pela terceira vez e é dono de empresa. Tem o suficiente para resolver o meu problema.

Uma viatura policial passa, devagar, na rua e não para.

– Viu? A polícia nem me vê. Sou mais esperto que eles – gaba-se o bandido.

Seu parceiro aparece esfregando o nariz.

– Cheirando de novo? Primeiro vamos terminar o trabalho. Ainda tem outros bancos. Depois a gente faz isso.

Luiz Olavo percebe que a noitada de terror estava apenas começando. Sente medo, impotência, raiva, abandono, tudo ao mesmo tempo. Nem mesmo o rangido dos pneus e a alta velocidade do carro despertam a atenção de policiais e transeuntes. Minutos depois, estacionam diante de outro caixa eletrônico. Os procedimentos se repetem.

– Sou um desempregado – comenta o bandido, olhando Luiz Olavo.

– Os doutores não pensam duas vezes antes de colocar a gente no olho da rua. Tô cheio de colegas na mesma pindaíba.

Luiz Olavo engole em seco. Seu sequestro-relâmpago seria alguma vingança? Tenta conversar:

– O que o fez escolher esse tipo de vida?

– O mesmo que o doutor: dinheiro. E tudo o que ele pode dar pra gente. Com dinheiro a gente pode ter carro importado, casa de cinema, ir a restaurante e hotel de primeira, bebida boa, roupa de grife, mulher gostosa. Se eu quiser, com dinheiro posso ir até pra Ilha de Caras. O que mais você quer?

– A paz de espírito ele não pode oferecer – filosofa Luiz Olavo.

– A paz de espírito o doutor vai ver daqui a pouco se não calar essa boca – escarnece o bandido.

O parceiro volta com o dinheiro. Saem em busca de outro caixa eletrônico. Desvairado, o bandido cantarola enquanto dirige como louco pela cidade. Outdoors, luz neon, cartazes... A vista de Luiz Olavo se embaralha com a poluição visual. A noite é uma tristeza sem fim.

– Bonito esse seu paletó, hein, doutor?

– Quer para você? – oferece Luiz Olavo, tentando abrandá-lo.

– Não preciso. Tenho um monte igual a esse e até mais bonitos...

Luiz Olavo percebe o ar de superioridade, como quem quer deixar claro que tem o poder. Nessas circunstâncias, ele é uma nulidade, um mero portador de cartões de crédito, uma cifra, nada mais.

– Esse cartão aqui é de qual banco? – pergunta o bandido.

– Esse é só cartão de crédito, não serve para retiradas em dinheiro, nem ao menos me lembro a senha – responde Luiz Olavo, apreensivo.

– Então a gente vai até a Marginal Tietê para ver se o doutor se lembra da senha – propõe o bandido, agressivo.

– Não vou conseguir lembrar... – sussurra Luiz Olavo, esforçando-se para deixar transparecer sua sinceridade.

– Tá legal! Então faz um cheque no valor de... – Luiz Olavo nota que o bandido conhece seu saldo bancário. – E não tenta sustar o cheque. Sei onde o doutor trabalha e onde mora. Se fizer alguma denúncia e der com a língua nos dentes, volto e faço picadinho dos seus miolos.

Assustado, Luiz Olavo preenche o cheque. O bandido conduz o carro para debaixo de um viaduto.

– O doutor fica por aqui. Não olha pra trás. Conta até vinte e vai em frente. – Antes de sair do carro, despede-se com uma saudação.

Luiz Olavo nem sabe se consegue contar até vinte. Suas pernas tremem. Está completamente transtornado. Acelera o carro em direção a sua casa. Tem um nó na garganta e sente uma vontade compulsiva de chorar.

VÍTIMA E ALGOZ

Em casa, Luiz Olavo esparrama-se na poltrona da sala. O susto dá lugar à resignação. Sente-se impotente, e esse sentimento não lhe é estranho. Assim tem sido sua vida e este tem sido seu principal papel: o de refém. Refém das próprias artimanhas, que o obrigam a manter o rabo preso entre as pernas, refém das suas jogadas inteligentes e refém de si próprio. Refém das ambições do pai, que sempre decidiu o que ele devia fazer, como devia se comportar e os valores segundo os quais devia viver. Essa parecia ser sua sina. Essa era sua saga. Jamais admitira, mas agora, sob o impacto da experiência que acabara de viver, esse filme passa em sua mente atormentada.

Sua vida, durante aquelas horas aterrorizantes, não lhe pertencera. Esteve nas mãos de bandidos que não pensariam duas vezes em trocá-lo por dinheiro. Sentiu-se humilhado, invadido, desrespeitado. Para o bandido, o dinheiro ou o que ele representava valia mais do que uma vida. Foi refém, como fora durante todos esses anos de acordos escusos com fornecedores, clientes, financiadores e afins. É claro que havia ganhado muito dinheiro, mas hoje comia nas mãos de todos eles. Luiz Olavo pensa no bandido. Sente na pele a pequenez da existência e como o ser humano pode ser algoz do próprio semelhante. Uma vida de vaidades e lutas inglórias poderia, em poucos instantes, transformar-se em pó. E em troca de quê? O que mais buscava o bandido? Seria só o dinheiro? Sim, o dinheiro e o que ele proporciona: posses, poder, inclusão social... e, claro, drogas ou qualquer outra coisa que mantenha a consciência entorpecida.

Luiz Olavo pensa no ser humano, "tantas vezes reles, tantas vezes vil." Prisioneiro do ego e de suas defesas: ciúme, inveja, vingança, hostilidade, cobiça, ganância, apego. "O homem não deu certo!", filosofa, e sentimentos sombrios e em ebulição contaminam seus pensamentos.

O medo, travestido de poder, dominação e controle, dita a conduta na sociedade e nas organizações. O medo torna o ser humano desprezível e... humano!

O desafio, percebe Luiz Olavo, era libertar-se do medo da morte, do medo de Deus. Libertar-se dos paradigmas e das falsas certezas, do instinto de competição e de revanche, da estagnação, da inveja, de todos os tipos de violência, da pressa inútil, da arrogância, da frivolidade da existência, da distância emocional entre as pessoas, de tantas outras maneiras que o ego tem de camuflar o medo.

O que fazer diante de um coração afogado em desejos e medos? Talvez o bandido tivesse exagerado na dose. O exagero pode levar à doença, à compulsão e à loucura. A maneira de buscar o bem ou o mal depende de como vemos as coisas, ou seja, depende do modelo mental e da forma de pensar de cada um. Por isso é preciso conhecer a doença e separá-la do doente. Mas como mudar o que se desconhece? A luta então era contra a ignorância, a maior tragédia que existe no mundo. Na busca da felicidade, o ser humano cavou uma armadilha para si próprio e meteu-se em uma prisão. Para sair dessa prisão, é preciso que ele saiba que está preso. Isso exige conhecimento, ou, melhor, autoconhecimento, o principal antídoto contra o veneno da ignorância. A noite havia sido traumática. Luiz Olavo resolve tomar uma ducha quente para relaxar. Precisava aliviar a tensão e o ressentimento. No quarto, sua terceira esposa dorme. Entorpecida pelo sono, parece atordoada por uma vida de conformação e desconsolo. Pela primeira vez, ele a olha com ternura e, carinhosamente, beija sua face.

3

SEMENTE DA ALMA

Lucas estaciona o carro e se dirige ao hall do edifício. Sobe ao andar indicado e, ao sair do elevador, avista a recepção. Sente algo místico na atmosfera da sala. Sobre a mesa há um dragão chinês, símbolo da proteção, o que Lucas aprenderá mais tarde com seu anfitrião, que, pelo jeito, é adepto das filosofias orientais.

– Olá! Meu nome é Luiz Guedes.

O espírito jovial e o jeito tranquilo do interlocutor logo cativam Lucas. Acomodam-se na sala de treinamento e Guedes comenta sobre sua trajetória profissional e pessoal. Filho de um militar e de uma dona de casa, ambos de origem portuguesa, percebeu desde cedo seu instinto empreendedor. Aos 12 anos, por iniciativa própria, vendia pipa na feira e sorvete na rua. Em 1985, criou uma empresa de componentes eletrônicos que logo obteve bons resultados e construiu uma imagem respeitável no mercado à custa, porém, de um esforço quase desumano.

– Eu era um *workaholic* centralizador, não confiava em ninguém. Sentia-me como alguém sentado do lado direito de Deus, falava diretamente com Ele e transmitia suas mensagens aos outros mortais do meu jeito. Era o todo-poderoso. Queria ser venerado como uma imagem sagrada. Em troca, vivia esgotado, nervoso e de mau humor. Minha vida se resumia à pessoa jurídica. No final dos anos 1990, resolvi dar um basta em tudo. Mudei-me para Embu das Artes e fui viver no mato; passava os dias cuidando das plantas, construindo um canil, dedicado a mim mesmo.

Lucas ouve com atenção a história de Guedes, admirado com o fato de alguém conseguir largar tudo e fazer uma mudança tão radical na vida.

– Antes só trabalhava, bebia e dormia. Minha vida não tinha sentido. O *workaholic* deu lugar a um homem mais completo, que hoje tem tempo para os amigos e familiares. Na verdade, Lucas, o que tem valor são as coisas mais simples na vida: os relacionamentos, a capacidade de ouvir, o convívio com as pessoas, a amizade; estou incluindo, é claro, os colaboradores com quem convivo diariamente no trabalho.

Guedes muda de assunto repentinamente e pergunta a Lucas:

– Você sabe o que é anomia?

– Não, nunca ouvi essa palavra. O que é?

– Muitas empresas buscam só resultados financeiros e, como não poderia ser diferente, seus funcionários também buscam apenas recompensas financeiras. É a corrida sem trégua atrás do lucro e do caixa, de um lado, e do salário e das bonificações, de outro. Anomia é quando uma empresa sem causa oferece trabalho sem significado aos funcionários.

– Nessas conversas, aprendi que uma empresa é formada pelos pensamentos e sentimentos dos que lá trabalham.

É isso mesmo, mas vou um pouco mais além. Anomia é a ausência de valores. Os valores são a semente da alma de uma empresa, traduzem os pensamentos e os sentimentos das pessoas. Uma empresa que não considera os valores dos colaboradores desperdiça a essência deles, o que eles têm de melhor, seus credos íntimos, suas verdadeiras forças motivacionais. O trabalho é uma fonte de energia quando é coerente com os valores pessoais. Todos querem mais do que receber um salário no fim do mês. As pessoas querem viver seus valores.

Lucas presta atenção, não perde uma palavra do que Guedes diz.

– Uma carta de valores sela a aliança entre os membros de uma equipe. Ela significa que, apesar da divergência de opiniões, quando há comunhão de valores, todos estão no mesmo barco. Podem divergir nas ideias, estratégias, alternativas, mas sempre convergem quando se trata de valores virtuosos. Os valores mantêm a liga do grupo. São eles que, nos conflitos, fazem com que as pessoas se mantenham unidas e confiem umas nas outras.

– Esta conversa complementa a que tive com Jairo sobre equipe.

– Quando existe uma carta de valores, os colaboradores não precisam consultar o chefe o tempo todo para saber o que e como fazer. Os valores permitem que todos pratiquem a autonomia, saiam da zona de conforto e aceitem desafios.

– Mas é bom que os funcionários fiquem assim tão soltos? – pergunta Lucas, desconfiado.

– É muito bom quando eles podem praticar seus valores no trabalho. As tarefas passam a ter significado e deixam de ser enfadonhas, e a autonomia descentraliza as decisões. A empresa se torna mais rápida e flexível.

– Quer dizer que uma carta de valores substitui as normas e os procedimentos?

– Com algumas vantagens, uma vez que estimula a criatividade e o aprendizado. Orientado pelos valores, cada um pode recriar seu jeito de trabalhar todos os dias. Não é preciso seguir o roteiro e transformar o trabalho em uma rotina enfastiante. Sabe, Lucas, existe um defeito muito comum nas organizações. Elas querem que os funcionários adotem comportamentos que consideram adequados sem levar em conta seus pensamentos e sentimentos. Querem os comportamentos adequados, mas não querem investir no desenvolvimento da consciência das pessoas. Querem autômatos, não gente. Uma carta de valores aprovada por consenso é como um código de conduta que diz como as coisas devem ser feitas, sem a necessidade de consultar um manual de procedimentos.

– Você pode dar um exemplo?

– Sim, aconteceu aqui em minha empresa. Durante muito tempo, tudo o que se decidia aqui deveria constar num memorando que referendasse as decisões. Quando começamos a discutir valores, percebemos que a prática do tipo Coloque por escrito, no fundo, significa Eu não confio em você. Falamos sobre verdade e confiança. Descobrimos que somos pessoas confiáveis e conseguimos nos livrar dessa burocracia. Lucas, os valores promovem o sentimento de que a fonte do poder e do conhecimento está dentro de cada um na empresa.

– Dê um exemplo para que eu possa entender melhor. Quais são os valores de sua empresa?

– Nossa carta de valores está representada numa estrela de sete pontas: valorização das pessoas, criatividade e inovação, reflexão, verdade, liberdade com responsabilidade, amor e confiança. No centro da estrela há a palavra feliz. Queremos uma empresa feliz, feita de gente feliz.

– Muitas vezes a obtenção de resultados não é compatível com a verdade, por exemplo. E aí, o que fazer? – pergunta Lucas com malícia.

– Não existe grandeza em administrar uma empresa faltando com a verdade. Acontece que muitos não querem sair de sua zona de conforto e então preferem optar pela mentira, pela falta de integridade e ética e pelas aparentes facilidades daí decorrentes. Os valores nos obrigam a sair da zona de conforto e fazer a opção pelo caminho estreito. É mais difícil no início, mas essa dificuldade dura até que cada um descubra sua potencialidade. A recompensa então será grande, tanto para a empresa quanto para os seus colaboradores!

Lucas se lembra dos subterfúgios utilizados na Firec para conquistar vendas com economia de custos e encargos. Guedes parece ler seus pensamentos.

– Os resultados valem muito pouco, se custam o sacrifício da integridade. Lucas, é importante escolher em qual universo você quer inserir a sua empresa. A verdade atrai a verdade, assim como a mentira atrai a mentira. É também para isso que servem os valores: para que não nos deixem cair em tentação. Eles nos mantêm em permanente vigília.

Lucas ouve, vacilando entre a crença e a descrença.

– Os colaboradores precisam ter uma noção clara dos valores para que possam apoiá-los e orientá-los.

– E qual é a relação entre os valores e o mercado? – pergunta Lucas, lembrando-se da sua Rota do Ouro.

– Existe uma relação direta, ainda que subjetiva. Cada vez mais os clientes querem conhecer a empresa que está por trás dos produtos, o que ela pensa, o que ela defende, como trata os funcionários, como lida com as questões sociais e com a preservação do meio ambiente. Da mesma forma que os colaboradores, os clientes também estão em busca de significado, e a anomia presente nas empresas também está presente no mercado.

– Os valores não mudam com o tempo?

– Não com a mesma volatilidade que as metas numéricas, mas com o tempo novos valores são acrescentados. É muito salutar discutir a carta de valores anualmente.

Lucas se põe a imaginar. Se sugerisse elaborar uma carta de valores em sua empresa, achariam que estava ficando maluco.

– Lucas, se você quer mesmo mudar sua empresa e seu estilo de liderança, abra o coração para os colaboradores. Fale de seus valores, sentimentos, desejos, sonhos. Diga o tipo de empresa que você quer. Você vai se surpreender com os resultados.

– Guedes, não é tão simples, existem medos – confessa Lucas, disfarçando certo pudor.

– O medo também é produto da ausência de valores. Minha arma para enfrentar os medos são meus valores.

– Sabe, Guedes, vou lhe confidenciar uma coisa que ainda não contei a ninguém. – Lucas sente um nó na garganta, a voz fica embargada.

– Recentemente, minha mulher me deixou. Estou separado. Devo falar dessa questão pessoal com minha equipe?

– Penso que sim. Eu também vivi esse problema. Mesmo que a gente não fale, o grupo acaba percebendo. Você abre o coração deles se abrir o seu; isso gera união e força na equipe.

A desconfiança que você sente das pessoas vem justamente da incapacidade de se entregar.

– Receio parecer frágil diante deles, temo que poderão tirar proveito disso – declara Lucas, hesitante.

– Lucas, as pessoas não querem ser lideradas por super-homens, e sim por seres humanos. Você terá momentos de grande encantamento e alegria, mas também de muita frustração. A verdade sempre vale a pena. Você estará construindo uma equipe, uma comunidade de trabalho.

– Acho que começo a compreender o que é uma empresa única.

UM COPO PELA METADE

Lucas está tomado pelo entusiasmo. Dirige-se à Firec ansioso por apresentar o modelo completo: havia descoberto o elo entre a Rota do Ouro e a Arca do Tesouro. A conversa com Luiz Guedes fora esclarecedora: os valores eram a liga que faltava. Não vê a hora de reunir-se novamente com o sócio e a equipe de gerentes. Conta com o apoio de Soraia, Ferreira e Aristides. Ainda não há um consenso entre todos os líderes, mas Lucas está confiante em que logo chegará a hora de pôr todos os conceitos em prática, envolver as pessoas, reinventar a empresa. Está profundamente comprometido em transformar a Firec em uma empresa única.

– Bom dia a todos! Hoje é um dia muito importante! – Lucas exala energia.

O ambiente está mais receptivo. Lucas sabe que agora tem alguns aliados, mas ainda enfrenta a oposição de Tavares e Luiz Olavo. O primeiro faz anotações na agenda, enquanto o segundo observa, em silêncio. Ninguém sabe do sequestro-relâmpago que havia sofrido.

– Estou ansioso para agirmos. Antes, gostaria de apresentar o modelo completo que nos levará ao resultado. Como vocês podem ver, há alguns novos componentes: os indicadores de desempenho – Lucas os assinala na ilustração para que todos possam acompanhar – e os valores.

– Fale, primeiro, dos indicadores de desempenho – pede Aristides.

– A partir de agora, vamos deixar de administrar nossa empresa pelo fluxo de caixa. Estamos administrando a sobrevivência da empresa. Mas é só isso que queremos?

– Queremos nos desenvolver, prosperar – responde Soraia.

– É isso mesmo! Para que isso aconteça, porém, é preciso saber o que os principais protagonistas dessa história estão achando disso tudo – acrescenta Lucas.

– Você deve estar se referindo aos clientes e aos colaboradores – conclui Ferreira, baseando-se na ilustração.

– Correto! – Lucas está animado com a resposta da equipe.– Isso não significa, seu Ferreira, que os indicadores de qualidade e produtividade não sejam importantes, mas precisamos atrelar a eles indicadores que nos deem informações sobre a motivação da equipe, a qualidade da comunicação e dos relacionamentos... É provável que assim consigamos identificar as verdadeiras causas dos problemas que vivem se repetindo.

Luiz Olavo permanece calado. Tavares resolve falar:

– Os clientes blefam. Como acreditar no que eles dizem?

– Os clientes blefam porque nós blefamos com eles. Precisamos trabalhar no plano da verdade. Atrairemos clientes que preferem a verdade e seremos admirados por isso – responde Lucas sem hesitar. Tavares percebe, pelas perguntas e pelo comportamento das pessoas, que os gerentes estão aderindo ao modelo de Lucas.

– E, por falar em verdade, entramos no tema dos valores. Está aí o elo entre a Rota do Ouro e a Arca do Tesouro. Quais são os valores que governam a Firec?

Todos ouvem a pergunta, mas ninguém ousa responder.

– Não é preciso responder, vocês sabem qual é a resposta. Sem bons valores, só há confusão e caos. Podemos ser guiados por valores virtuosos ou pelo mero propósito de ganhar dinheiro. A escolha é nossa. A Firec será o que quisermos que ela seja. Sugiro que comecemos a transformação da Firec a partir daí, ou seja, com a elaboração de uma carta de valores pela equipe.

– Mas isso não aumentará o nosso faturamento – resmunga Tavares.

– Ela nos dará a energia de que precisamos para conseguir mais: o comprometimento da equipe com o negócio da Firec. Há muita força disponível na Firec. Precisamos transformá-la em energia concentrada.

– E também plantar a semente para que possamos ter, num futuro próximo, uma equipe de alto desempenho – reforça Soraia.

– O que o Tavares quis dizer – comenta Aristides, que também está ansioso – é que essas providências não pagam nossas contas.

– O que conseguiremos fazer sem o comprometimento das pessoas? – intervém Ferreira.

– É bom lembrar que é esse comprometimento que vai garantir a boa caminhada rumo à Rota do Ouro – diz Lucas –, mas aí já estou tratando da etapa seguinte dos trabalhos.

– E qual é essa etapa? – pergunta Aristides.

– Construir um cenário sobre as perspectivas futuras. Faremos isso juntos e com alguns colaboradores convidados. A ideia é examinar o campo de possibilidades e de oportunidades que temos à frente.

– Mas não podemos nos esquecer do presente – adverte Aristides.

– Precisamos primeiro criar mentalmente para depois criar fisicamente. Caso contrário, nossa vida será um eterno pingue-pongue, como tem sido todos esses anos – diz Lucas. – Quando criamos primeiro uma visão em nossa mente, temos uma clareza maior do que precisa ser feito e de qual será o resultado. Aí, então, as chances de sucesso são maiores.

– É nessa construção de cenários que entra a definição do foco de atuação? – pergunta Ferreira.

– Exato. Faremos a escolha do conjunto de clientes que melhor sabemos atender, que valorizam nosso trabalho e que estamos dispostos a servir. Vamos criar, juntos, uma história que nos encherá de orgulho.

– Creio que os funcionários da Firec responderão positivamente. Eles gostarão de participar – afirma Soraia.

– E isso representa um grande desafio para cada um de nós, o de abrir os canais de comunicação em todos os setores da empresa, com todas as pessoas, para que elas expressem seus sentimentos e ressentimentos. Somente assim elas estarão dispostas a oferecer também seus pensamentos e suas ideias – conclui Lucas. – Lembrem-se de que todas as ideias são bem-vindas, não importa se vamos ou não fazer uso delas. Uma pequena ideia pode fazer uma grande diferença.

– Não acredito que será assim tão fácil – comenta Ferreira.

– Nada acontecerá sem dificuldades. Mas é alentador saber que estamos no caminho certo.

– Será que tudo isso trará os resultados de que necessitamos? – pergunta Aristides.

– Claro que os resultados que desejamos não serão produzidos em um dia, um mês ou mesmo um ano, mas eles virão em pequenas vitórias diárias. Por isso, não vamos nos esquecer de comemorar todos os dias as vitórias, por menores que sejam. Diante de um copo de água pela metade, valorizemos a parte ocupada em vez de reclamarmos da parte vazia. É uma maneira de manter os pensamentos derrotistas a distância.

Luiz Olavo continua calado, mas está atento a tudo. Lucas lança seu último apelo:

– E então, vamos adiante?

– Não acredito em nada disso.

Todos se voltam, surpresos, para a pessoa que disse aquilo.

– Estou me desligando. Vou aceitar a proposta do senhor Kaiser para trabalhar em sua empresa.

Lucas ainda tenta dissuadir Tavares, sem êxito. A decisão fora tomada havia algum tempo.

ARRANJO INIMITÁVEL

Faz tempo que Lucas não caminha num parque. Muitos anos. Joana vivia convidando-o para um passeio matinal e ressaltava os efeitos positivos da caminhada. Lucas sempre estava com a cabeça na Firec, nos negócios, na competição, nos lucros. Não tinha tempo para atividades que considerava pouco empolgantes, como caminhar.

Pensa em tudo o que ocorreu em sua vida nos últimos meses desde o encontro com Jefferson na Paulista. Divino encontro! Havia jurado dar graças todo dia aos anjos por esse momento, o início de sua transformação e também da de sua empresa. Teria sido casualidade? E, por falar em anjos, quem são eles?

Lembra como estava afoito correndo atrás de resultados, que escapuliam a cada nova investida. Recorda, com pudor, a perda do melhor cliente. Kaiser quase o colocara para fora da sala naquele dia. Depois de muitos estudos e várias análises, haviam concluído, ironia da vida, que a empresa de Kaiser não fazia parte do foco escolhido pela Firec. Sofrimento em vão ou mal que vem para o bem, como se costuma dizer. No lugar dele, outros clientes, que se ajustaram melhor às competências da Firec, surgiram. Não é sem motivo que também proporcionam melhores margens de lucro.

Tudo, porém, começara para valer com a visita de Jefferson a sua empresa. Recorda hoje, envergonhado, que nesse dia lhe apresentara, orgulhoso, o capital físico da Firec. Esquecera por completo o capital humano. Não podia ser diferente. Era esse seu modelo mental então.

Jefferson falara de uma tal empresa única, que se baseava no ciclo da prosperidade, e não no da sobrevivência, como a Firec. O que havia soado utópico na ocasião depois se converteu no modelo de uma empresa a perseguir. No fundo, era o que ele procurava sem saber ao certo o nome. Lucas quase desanimou na primeira reunião, quando teve de enfrentar o desalento e o ceticismo de toda a equipe. Seguiu em frente, embora tivesse de acrescentar uma grande dor a essa caminhada: a despedida sem adeus de Joana. Essa dor foi a sua companheira de viagem na jornada de conhecimento e transformação.

A primeira grande descoberta foi a Rota do Ouro. Depois de várias discussões calorosas na Firec, foi possível definir o negócio, o foco, as competências, os diferenciais. O começo de tudo foi uma manhã chuvosa e fria em Diadema. Nilson insistiu em que o futuro estava lá fora, não na mesa de trabalho. Era preciso deixar de ser um líder burocrata para ser um líder empreendedor. Sugeriu a construção de cenários, pois era preciso fazer suposições com base em algumas premissas para, a partir daí, fazer as melhores apostas.

Com Marcos, compreendeu a importância do foco, que, adotado, viria a mudar a existência da Firec. E a dica de Jaime de considerar as competências também foi essencial. Conciliar as competências com o foco não foi um exercício simples, mas o trabalho recompensou e não teria sido possível sem o apoio da equipe. Antes, porém, de falar de equipe, vale a pena lembrar os brilhantes ensinamentos de Gilton. Graças a ele, hoje todos sabem na empresa quem é o cliente e reconhecem sua importância.

Lucas observa o reflexo de uma frondosa árvore no lago. A beleza do cenário traz a sua mente o restaurante tropical, cheio de plantas e de artesanato indígena, onde havia marcado encontro com Sidney. Aprendera muito naquele dia. Primeiro, que a sua Rota do Ouro não passaria de uma boa intenção a menos que tivesse as condições necessárias para concretizá-la. Essas condições receberam posteriormente o nome de Arca do Tesouro.

O exercício da liderança é crucial para que tudo isso aconteça. As dicas de Glauco foram de grande valia: sem uma liderança educadora é impossível construir uma equipe. Contou também com a ajuda de Jairo, suas orientações e seus exemplos. Agora, sim, tinha as condições necessárias para que as intenções se realizassem. Era necessário, no entanto, medir a temperatura de quando em quando para não se desviar da rota. José Carlos entrou na hora certa, alertando-o da importância dos indicadores de desempenho. Faz sentido. Como lançar uma embarcação em alto-mar sem um painel de controle com informações sobre o destino, a rota, o tempo e a tripulação?

Lucas desacelera o passo e senta-se perto do lago para descansar. A conversa com Luiz Guedes deu um sentido maior a sua busca de conhecimento. Os valores! – eles é que formam a consciência de uma empresa, que é mais do que uma atividade mercantil de compra, transformação e venda de mercadorias. Ele queria mais para a Firec: transformá-la numa comunidade de trabalho em que as pessoas pudessem se orgulhar de lá estar e, enquanto lá estivessem, vivessem intensamente o compromisso de satisfazer com excelência outras pessoas, também chamadas de clientes, ou melhor, parceiros. Essa era a tal empresa única: almas felizes empenhadas em fazer outras almas felizes.

A Firec ainda está longe de sair do atoleiro em que se meteu, mas já está irreconhecível. É impressionante e até comovente ver como os colaboradores oferecem seus esforços e sua disponibilidade quando são chamados a participar. E como oferecem sua inteligência e sua criatividade quando seus pensamentos e sentimentos são respeitados. Percebe-se em todas as áreas da Firec o comprometimento dos colaboradores, que trabalham com o corpo, a mente e a alma. De fato, pessoas plenas criam empresas plenas.

É claro que toda essa energia se irradia para o mercado, e a Firec é hoje uma estrela que brilha mais forte na constelação de tantas outras empresas. A concorrência não está estagnada, todos buscam garantir seu lugar ao sol. A Firec está conseguindo o seu e nele pretende reinar, soberana, ser respeitada pelos clientes e fazer com que eles sintam orgulho de tê-la como parceira. Se saísse do mercado, a Firec faria falta?

Essa foi a pergunta que Lucas lançou como desafio à equipe. Sendo única, a Firec estaria preenchendo uma lacuna do mercado e, portanto, sua ausência deixaria um vazio. Dificilmente seria possível copiar a Firec. A *arquitetura organizacional* que combina a *Rota do Ouro* com a *Arca do Tesouro* faz parte de um arranjo único, resultante das informações, dos conhecimentos e da imaginação da equipe interna, sendo, portanto, inimitável.

A transformação não havia ocorrido sem traumas. A saída de Tavares, embora tenha sido encarada como traição no primeiro momento, depois se mostrou benéfica. Os gerentes se uniram ainda mais para vencer, juntos, o grande desafio. Houve o remanejamento de funções e responsabilidades.

Então, pode-se dizer que a Firec atingiu a hegemonia e uma situação de baixo risco? Claro que não. As equipes são como geleia, os mercados são como dunas de areia, e uma empresa que optou pelo sistema humano em vez do técnico, que é o caso da Firec, deve aprender com as oscilações próprias dos seres humanos, tirando proveito delas. Empresa é eterna vigília!

Lucas relaxa. Contempla as árvores, sente a brisa sacudindo as folhagens, ouve o canto dos pássaros, o zumbido das abelhas. Ali há vida! Fecha os olhos e apura ainda mais os sentidos. Joana tinha razão: nada como um passeio num parque para se reenergizar. Sente saudade, precisa revê-la urgentemente.

COMPROMISSO E EQUILÍBRIO

Lucas está satisfeito com as lições aprendidas e com os resultados que vem obtendo, mas, como bom aprendiz, resolve ir fundo, até o fim (se é que há um fim), nesse aprendizado. Isso inclui mais um encontro. Agora o endereço ficava na cidade de Santo André.

O município, com São Bernardo do Campo e São Caetano do Sul, forma a região do ABC, grande núcleo empresarial da América Latina e o maior símbolo da era industrial. Ainda havia algum vigor, mas nada que se assemelhasse aos áureos anos da indústria automobilística, quando havia inúmeras empresas instaladas ali. Sobram, agora, resquícios de uma época que trouxe muita riqueza à região. Em que pesem os vários galpões industriais desocupados, aqueles empreendedores e empresários fizeram o que as circunstâncias e, principalmente, seus conhecimentos permitiram.

Atravessando o viaduto que leva ao Centro de Santo André, Lucas contempla prédios enormes com portões e guaritas, ornamentados com chaminés. Põe-se a imaginar o modelo mental que deu forma àquele tipo de organização industrial. Percebe que está próximo a seu destino. Não demora muito a localizar a casa que abriga a empresa de Carla, sua nova interlocutora.

– O que tenho aprendido tem sido muito útil na minha vida profissional e também na minha empresa – comenta Lucas ao saudá-la, satisfeito por estar ali.

Carla sorri e convida Lucas a acompanhá-la. Acomodam-se ao redor de uma mesa numa sala ampla. Jovem e graciosa, Carla fala com desenvoltura e demonstra interesse pelas andanças do empresário.

– Gostaria que você acrescentasse uma palavra a seu aprendizado: compromisso. Ele faz muita diferença na vida.

Carla ajeita-se na cadeira e continua:

– Compromisso com o trabalho implica dedicação e empenho para que alguma coisa ou alguém se desenvolva.

– Como se pode demonstrar esse compromisso?

– Quando se está comprometido, é natural demonstrar atenção e interesse pelo que se faz. Cada dia é um novo dia de busca e de aprimoramento. Daí a curiosidade, o gosto pela pesquisa e pelo conhecimento, a vontade de trocar a rotina pelo risco e pela aventura, de sair da zona de conforto e embrenhar-se no desconhecido. Compromisso – enfatiza Carla – é se superar e se renovar a cada dia, entregar-se completamente àquilo que a gente se determina a fazer. O trabalho vira parte da vida, e não apenas um meio de vida.

– Que bom se isso fosse espontâneo!

– E é! – diz Carla. – A menos que tratemos as pessoas como objetos, meios ou recursos. O ambiente de trabalho deve ser ético e íntegro, aberto à participação de todos para que cada um possa fazer a própria escolha e decidir se comprometer. O compromisso acontece quando os valores pessoais estão de acordo com os valores da organização.

– Valores! Foi o que aprendi com Luiz Guedes.

– Os valores representam a unidade na diversidade. As diferenças na inteligência, no conhecimento e na habilidade são banais, comparadas à identidade que existe na essência de cada ser humano.

– É a semente do trabalho em equipe – reforça Lucas, lembrando a conversa com Jairo.

– Os medos estão sempre à espreita, como produtos do nosso ego, mas, quando existe uma causa sustentada por valores, o compromisso se faz presente e o medo acaba perdendo a parada.

Lucas, atento, faz algumas anotações.

– O compromisso também deve ser feito com as pessoas, sejam clientes ou colaboradores! A preocupação com a satisfação do cliente, em vez da ênfase na competição com os concorrentes, demonstra o interesse genuíno em servir e fazer alguém feliz.

Lucas soletra mentalmente a palavra C-O-M-P-R-O-M-I-S-S-O.

– A mágica dos negócios está na compreensão de que negócios são relacionamentos, gente se relacionando com gente o tempo todo. E o que une as pessoas é o amor. As pessoas querem ser amadas!

– Espere aí! Estávamos falando de compromisso, que história é essa de amor?

– Estivemos falando o tempo todo de amor. Não do amor como sentimento, mas do amor fruto de uma decisão e de um compromisso assumido. O amor que vence o medo.

– Essa é uma abordagem muito romântica.

– Se você não tem amor pelo que faz, sua vida é feita de trabalho duro. Quando existe amor, há também comprometimento emocional e as ideias surgem. Aliás, as oportunidades também surgem. Pessoas cruzarão seu caminho e coincidências acontecerão em sua vida.

– Do jeito que você está falando parece mágica...

– É a mágica do compromisso e da sincronicidade que nos mantém ligados ao que interessa. Mas cada um de nós precisa assumir a iniciativa de transformar seu trabalho em algo apaixonante, a começar pelos líderes, que devem transformar seus negócios em causas apaixonantes.

Lucas logo se lembra da conversa com Sidney e do líder como guardião de causas apaixonantes.

– Muitas vezes colocamos demasiada força no nosso trabalho. Esse excesso de esforço provoca mais desequilíbrio que equilíbrio. No equilíbrio existe um processo de autorreforço que faz com que as coisas fluam com naturalidade.

– É como uma simbiose, em que uma coisa impulsiona a outra – completa Lucas.

– E é assim com todos os sistemas: na empresa, na escola, na família.

O equilíbrio facilita a vida. E a vida funciona!

– Mas, para isso, é preciso que haja compromisso. Entendi.

– E compromisso sugere que haverá atenção e interesse pelas pessoas, sejam clientes, colaboradores ou parceiros conjugais.

Lucas pensa nos desequilíbrios em seus relacionamentos: na empresa, com Luiz Olavo; em casa, com Joana. Seria ausência de compromisso? Carla anota o nome e o endereço do último interlocutor. A viagem de conhecimento de Lucas está chegando ao fim.

O NEGÓCIO SUPREMO

Nem mesmo a fumaça escura dos caminhões que transitam pela Via Dutra consegue ocultar a beleza esplêndida da Serra da Mantiqueira. Nesse cenário, na divisa das montanhas com o litoral, situa-se a próspera cidade de São José dos Campos. É o próximo destino de Lucas, que agora para no acostamento e consulta o itinerário impresso. O bairro industrial localiza-se antes da cidade. Após alguns quarteirões, Lucas avista a indústria de cosméticos.

A fábrica é clara e espaçosa. Há um perfume no ar, talvez das essências dos cosméticos. Paredes brancas, limpeza absoluta, salas arejadas, silêncio – nem parece uma fábrica, surpreende-se Lucas.

Yukiko é a anfitriã, uma mulher adorável que se expressa verbalmente da mesma maneira que se veste, com serenidade e moderação. Suas roupas, em tons sóbrios de azul e cinza, combinam com a baixa entonação da voz. Ela encara o interlocutor com atenção e interesse, parece uma mulher dona de si, consciente do que quer da vida.

– Como está sua viagem de conhecimento e transformação? – pergunta com jeito acolhedor.

– Muito bem! Estou satisfeito e também feliz por estar aqui, mas creio ter elementos suficientes para dar prosseguimento às transformações em minha empresa. – Lucas acomoda-se na cadeira. – O que ainda falta?

– Pensar no seu principal negócio... – responde Yukiko, misteriosamente.

– Meu principal negócio é a Firec – afirma Lucas sem titubear.

– Seu principal negócio é sua vida. Esse é seu principal projeto. Sua vida deve estar acima de tudo.

Lucas está surpreso. Pensava que iriam falar de negócios, empresas, equipes, resultados.

– Viver é uma arte que também se aprende. E, como nas outras artes, aprender a viver exige disciplina. Aprendemos, no entanto, o que nos interessa. É preciso estar interessado pela vida para aprender sobre ela.

– Eu... acho... que estou interessado.

– Você não tem certeza? – Yukiko sorri. – Você precisa estar bem para que as coisas a seu redor também estejam bem. Se sua vida estiver em equilíbrio, você se tornará um empresário melhor e também um líder melhor.

– Sidney me falou da importância do equilíbrio... – diz Lucas, puxando pela memória.

– Você reflete para o mundo seu desequilíbrio. É preciso ter cuidado para não ser engolido pelo dia a dia enquanto a vida passa ao largo.

– Mas, ao que me parece, tudo leva ao desequilíbrio.

– É verdade. Por isso o equilíbrio é uma busca diária. É como os movimentos de uma criança que está aprendendo a andar. Um passo para a frente e ela se desequilibra até o próximo passo. É esse o processo de aprendizado da arte de viver. Além de disciplina, aprender a viver exige paciência e plena consciência do processo, determinado na busca do equilíbrio.

– Para muitos, o trabalho é a própria vida.

– Trabalho é vida quando contribui para o equilíbrio. Caso contrário, o trabalho pode ser uma "desvida", ou, melhor, uma "desdita". A empresa que construí era o caminho que eu queria. Sou farmacêutica, portanto ligada à saúde. Hoje sou administradora, lido com pessoas. O negócio me satisfaz, consigo cuidar de saúde lidando com pessoas. Meu trabalho contribui totalmente para a minha vida.

– Mas para muitas pessoas o trabalho é um meio, não parte de um todo.

– Eu também pensava assim. Durante muito tempo me preocupei só com a empresa. Ela absorvia todo o meu tempo. Descobri mais tarde que a empresa é uma das facetas da minha vida. Existem outras igualmente importantes, como família, amigos, lazer, cultura, busca de conhecimento... É preciso trabalhar com o equilíbrio de todos esses elementos, senão nos desestruturamos.

– Equilíbrio – pensa Lucas em voz alta – implica o conhecimento da natureza humana.

– É isso mesmo. Quanto mais nos conhecemos, mais estamos preparados para conhecer e sentir o próximo, e isso contribui muito para nossa função de liderança.

– É muito difícil dar atenção a tudo. Yukiko, o que você faz para arranjar tempo?

– Existe mais tempo disponível do que se imagina. Acontece que muitos estão mortos na maior parte dele. Para tudo é preciso ter disciplina, abrir espaço e desenvolver o hábito. Algumas horas são exclusivamente minhas. Todas as manhãs faço condicionamento físico ou natação. Antigamente, já estava trabalhando antes das oitos horas e, mesmo ao voltar para casa, ficava com a cabeça no trabalho. É preciso ter um tempo para você mesmo. Quando a gente para, consegue pensar melhor.

Lucas pensa na vida conturbada que ele e Luiz Olavo levaram durante todos esses anos.

– Sair com amigos também é muito bom. Faço isso uma vez por semana, para respirar. Mas sou criteriosa, seleciono. Evito os que não me acrescentam, são pessimistas ou só querem falar de trabalho. Também aprendi a dizer não quando necessário. Antes ficava quieta, aguardava, aceitava algumas coisas que me contrariavam. Coisas de mulher insegura que sente necessidade de ser amada a qualquer custo. Aprendi a gostar mais de mim e a não depender de ninguém.

– Dizer não é realmente muito difícil. Abrimos mão de muitas coisas quando não devíamos. Que outros hábitos você desenvolveu?

– Viajo pelo menos uma vez por ano. Pretendo viajar duas vezes por ano para bem longe, rumo a lugares que não conheço, disposta a sentir as diferenças, experimentar outros climas. Quando viajo, telefono uma só vez para a empresa, e a contragosto. Foi uma conquista a partir do momento em que aprendi a confiar nas pessoas e formei minha equipe.

– É possível sentir esse espírito de equipe ao caminhar pela sua empresa – observa Lucas.

– Essa foi uma grande vitória depois que consegui o equilíbrio pessoal.

– Fale mais de seus hábitos...

– Gosto de ler sobre filosofia e também sobre o lado espiritual da vida. Jamais imaginei que a filosofia iria me ajudar no trabalho. É preciso buscar o autoconhecimento, saber com o que você se identifica, descobrir a relação entre seu trabalho e seus valores. É preciso viver a sua bem-aventurança. É para isso que estamos aqui. Se isso não acontece, optamos por levar a vida como sonâmbulos.

Lucas pensa em tudo em que está envolvido. Nem ao menos se lembra do último livro que leu. Onde arranjaria tempo naquele corre-corre que tem sido sua vida nesses anos? E seus valores mais íntimos? Por onde andaram todo esse tempo? Yukiko parece ler seus pensamentos.

– A vida sempre nos dá a oportunidade de fazer escolhas e de viver o que manda nossa voz interior ou nossa consciência. Nessas horas é bom estar atento para tomar a melhor decisão. Houve épocas em que eu queria resultados e me deixava influenciar por perguntas do tipo "Como pode uma empresária bem-sucedida não ter um carro importado?". Na verdade, gosto mesmo é de trabalhar. O resultado vem naturalmente, como recompensa. Quando você vive seus valores, mãos invisíveis o ajudam em sua caminhada.

Lucas lembra-se de como estava ávido por resultados ao dar início a essa série de encontros. Tinha uma maneira simplista de compreender resultados. Imagina que isso deve acontecer com muitas outras empresas: perseguem algo que pouco conhecem.

– Yukiko, noto que você conseguiu grandes conquistas...

– Lucas, como disse, a vida é feita de escolhas. As conquistas não ocorrem naturalmente, dependem de nossas escolhas, da prioridade que damos a nossos propósitos, do que fazemos com nosso tempo, de com quem escolhemos nos relacionar, das contribuições que queremos oferecer, dos sentimentos que experimentamos, de nossas aceitações ou rejeições.

– Essas escolhas dependem de quê?

– Da maneira como enxergamos a vida e também de estarmos dispostos a nos livrar das mentiras que nos contaram sobre o que é viver. Viver é diferente de existir. Viver significa despertar, livrar-se do torpor provocado pelo medo e pela ignorância. Mais uma vez, estamos diante da escolha de ser um agente ativo ou um espectador passivo, ou, pior ainda, uma vítima. A busca de riqueza, pessoas, fama, poder, enfim, gratificações do ego é incessante. As pessoas se matam em busca do sucesso a qualquer custo. O medo e a ignorância não as deixam ver que o sucesso é a própria vida. Estar vivo é o grande sucesso! Comemore!

Pela primeira vez, Yukiko elevara o tom de voz e, ao concluir, abriu um largo sorriso.

O MESMO SONHO, UMA NOVA ALIANÇA

"O sucesso é a própria vida!" – a frase de Yukiko ressoa na cabeça de Lucas enquanto, através das frestas da persiana de sua sala, observa o movimento dos funcionários que passam pela guarita da empresa. São rostos alegres, e eles sorriem enquanto se cumprimentam. Estão diante de um novo dia de trabalho, desafios e realizações.

Será que o modelo que criara para a empresa não serviria para o negócio chamado vida? As pessoas, assim como as organizações, também têm as suas Rotas do Ouro, o que pretendem conquistar. Lucas rabisca uma ilustração.

Qual seria, então, a Arca do Tesouro?
– Posso entrar?
– Entre, Luiz Olavo, eu estava fazendo algumas anotações.
Luiz Olavo acomoda-se na cadeira, Lucas recolhe os apontamentos.
– Vim declarar minha adesão e meu apoio ao projeto de transformação da Firec.
– Oba!!! Que boa notícia! Obrigado! Sua adesão fará uma grande diferença no processo. Estou feliz com isso. O que o fez mudar de ideia?
– Precisa ser assim? Você se lembra dessa indagação?

– Claro que me lembro. Essa indagação e essa indignação é que têm me colocado em movimento.

– Sabe, Lucas, tenho pensado em muitas coisas ultimamente. Gostaria de compartilhar tudo com você. – Luiz Olavo falava manso, de modo diferente de sua agitação costumeira. – Acho que vivemos espremidos entre duas forças: o passado e o futuro. Com isso não vivemos o presente, que, afinal, é tudo o que temos.

Lucas não acredita no que ouve. Não é o mesmo Luiz Olavo que conhece há quase quinze anos.

– Nós nos deixamos escravizar pelo passado e pelo conjunto de crenças e valores que acumulamos durante nossa existência. Acreditamos ser verdade o que não é verdade e, pior, ficamos prisioneiros desses paradigmas. Acabamos por projetar o futuro com base nessas crenças e o máximo que conseguimos é reproduzir o passado. Isso talvez explique os problemas com meus relacionamentos.

Lucas se espanta com a autoanálise do sócio.

– Por outro lado, somos também acuados pelo medo do futuro e acabamos por antecipar problemas que são mais fruto de nossa imaginação do que ameaças reais.

– Mas as ameaças existem... – acrescenta Lucas, pragmático.

– Para que contaminar o presente com problemas que talvez nunca ocorram? Diante disso, o presente é o único tempo que temos para viver. Ou fazemos bom uso dele a cada instante, ou o desperdiçamos para todo o sempre.

Lucas deixa que Luiz Olavo continue com suas elucubrações.

– Esse eu, acuado pelo passado e pelo presente, vive como um bicho pressionado e assustado, defendendo-se, armando-se, precavendo-se, munindo-se, aparelhando-se, criando artimanhas desnecessárias.

– Luiz Olavo, você sempre curtiu o que a vida tem de melhor, você sempre sonhou ser um *bon-vivant*. O que há de errado nisso?

– Boa parte do que eu fazia eram subterfúgios na tentativa de dar oxigênio a esse eu coagido.

Lucas está, de fato, embasbacado. Cadê aquele sócio hedonista, partidário dos melhores ganhos, vantagens, benefícios, prazeres e lucros que a vida pode oferecer?

– Luiz Olavo, parece que você sofreu uma metanoia – brinca Lucas, tentando colocar um pouco de humor na conversa.

Luiz Olavo lhe conta então o episódio do sequestro-relâmpago. Diante da possibilidade de morrer, descobriu seu bem maior: a própria vida, ameaçada por um algoz desconhecido. Jurou que, caso a tivesse nas mãos novamente, a trataria com mais zelo, como o bem precioso que é.

– Lucas, eu também quero essa empresa única, da qual me orgulhe e as pessoas a meu redor também se sintam orgulhosas. Gostei muito da última reunião, embora tenha permanecido calado. Queria ver se cada um declarava seu compromisso. Vi que a equipe corresponde bem quando o objetivo é bom. Foi uma grande conquista, Lucas, parabéns.

– Será mais fácil daqui para a frente, com o seu apoio.

– Serei um bom líder e exercerei a liderança com lentes do presente, não com as lentes embaçadas pelos preconceitos do passado.

– Nunca pensei que você pudesse pensar dessa forma!

– Tenho feito uma revisão completa na minha forma de pensar e agir.

Lucas está surpreso com a sincronia entre a nova disposição de Luiz Olavo e as conversas com Carla e Yukiko.

– Lucas, precisamos rever também nosso contrato de sociedade.

– E o que isso significa?

– Quando criamos a Firec, almejávamos uma porção de coisas, o que resultou nesse tipo de empresa. Em suma, criamos algo à nossa imagem e semelhança. Quero rediscutir com você os nossos valores que construirão uma nova Firec. Vamos conferir se a imagem que temos da nova Firec é parecida. É a oportunidade de celebrar uma nova aliança.

Lucas está em êxtase. Queria muito que isso acontecesse, mas não acreditava ser possível. É como um milagre. Levanta-se e acolhe Luiz Olavo num abraço envolvente.

– Poderíamos comemorar a criação de nossa nova empresa com um jantar, o que acha? Faz tempo que não jantamos juntos – convida Lucas.

– Seria muito bom, mas hoje tenho um compromisso com minha mulher: vamos ao cinema.

– Não acredito no que estou ouvindo! Isso é que é metanoia! Quem diria! Bom passeio para vocês.

Riram, cúmplices do mesmo sonho e solidários no mesmo contentamento.

NO LADO ESQUERDO DO PEITO

Luiz Olavo tinha oferecido, sem querer, o mote que faltava a Lucas para completar seu modelo.

Lucas pensa numa história de que gosta muito: Deus, depois que criou o homem, resolveu presenteá-lo com um talento especial. Essa joia, no entanto, não lhe seria entregue de mão beijada. Consegui-la dependeria de esforço, sacrifício e perseverança. Quem a encontrasse teria a primazia de seus benefícios. Deus consultou os anjos para escolher o melhor esconderijo do tesouro.

– Vou escondê-lo no fundo da terra.

– O homem é audaz, irá encontrá-lo mais cedo ou mais tarde.

– Então vou escondê-lo nas profundezas dos oceanos.

– O homem também irá encontrá-lo, impetuoso que é.

– No espaço sideral! Aposto que não irá tão longe. Vou escondê-lo no meio dos astros e das estrelas.

– O homem é atrevido. Criará aparelhos capazes de atingir outras órbitas e galáxias.

– Então vou esconder esse talento especial ali onde o homem nunca vai: no interior de si próprio, em seu coração. É o último lugar em que ele o buscará.

"Aí está a *Arca do Tesouro*", conclui Lucas. "Onde está seu coração, lá está também seu tesouro."

Rascunha uma nova ilustração.

E o negócio chamado vida? "O caminho não está feito, ele se faz ao andar", ensina um poema. Lucas vincula as duas ilustrações.

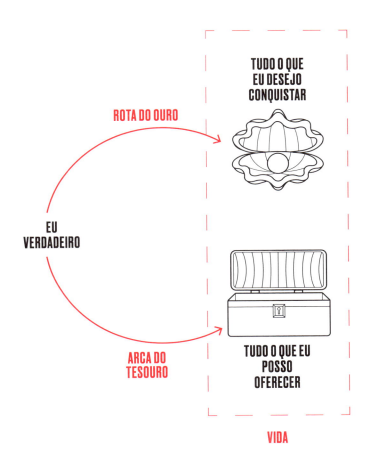

"E com compromisso e equilíbrio", arremata, satisfeito.

"É agora!", resolve Lucas. "Preciso falar com Joana. Não há mais o que esperar."

Gostaria de telefonar, desejoso de ouvir a voz de Joana depois de tanto tempo. Resolve, no entanto, apostar na força da palavra escrita.

Querida Joana, saudade!

Sinto-me saindo de um longo sono e acordando para a vida. Este despertar poderia ter acontecido antes, tantas foram as suas insistentes sacudidelas na tentativa de fazer-me vivo, mas preferi levar a vida como se morto estivesse.

Talvez você esteja perguntando: como alguém com tanta agitação e frenesi podia estar dormindo, se nem ao menos conseguia pregar o olho nas muitas noites de insônia?

Era como um estado febril e de demência em que eu buscava, com sofreguidão, satisfazer os caprichos do ego. Estava me distanciando cada vez mais da minha essência, onde residem meus mais caros valores. Meus comportamentos estavam sendo conduzidos pelo meu ego, inflado por conquistas e obstinado na busca do que não cessa. Vivia um desequilíbrio entre minhas ações, meus pensamentos e o que trazia em meu coração.

E o que tudo isso tem a ver com nossa relação? Tudo! Como um homem fragmentado e em desequilíbrio pode se dar por inteiro? Compromisso é o nome dessa entrega total, e isso tem a ver com atenção e interesse – tudo aquilo ou apenas aquilo que você sempre, carinhosamente, reclamou.

A vida esteve fartamente presente em nosso relacionamento, mas eu não conseguia enxergá-la. Quando caminhávamos de mãos dadas, rindo sem nenhum motivo, nas músicas ouvidas ao pôr do sol, no entrelaçar das pernas em noites bem-dormidas, nos pratos deliciosos que preparávamos, no aperto do abraço no escuro do cinema, nas ternas gargalhadas das mesmas anedotas, nas orações em dueto e nas preces em comunhão, nas marcas dos nossos passos na areia da praia, no perfume das begônias e na cor das margaridas nas datas sem festejos, no tempo que para e não tem pressa.

Você sempre foi uma luz em minha vida. Como aquele peixe que levou a vida procurando o oceano enquanto lá vivia, eu também andei buscando a vida enquanto nela estive o tempo todo mergulhado. Joana, quero de volta esses momentos e quero vivê-los intensamente, sem arredar os pés daqui.

Volte, querida, e no seu retorno quero presenteá-la com minha atenção e meu respeito, minha compreensão e meus cuidados, minha ternura e minha fé, meu humor, também minha tristeza e tudo o mais que se chama vida.

Com amor,
Lucas

UM PUNHADO DE PERDÃO

O perdão talvez seja o estágio mais avançado do amor. Perdoar é como dar permissão para que a vida flua. É como uma luz que se acende em meio à escuridão.

A luz desponta no dia em que Joana recebe a carta. Não uma simples carta, uma declaração de compromisso. E o amor nasce e renasce no compromisso.

Ela aguardava, ansiosa, notícias de Lucas. E a carta chega como um lenitivo para seu coração apertado. Ali estava o Lucas que sempre amara, em sua essência, do jeito que ela o conhecia, por inteiro, sensível, humano e verdadeiro. Lucas abrira brechas nas grossas camadas de verniz dos últimos anos e falara com o coração. Seu marido declarava uma vitória sobre si mesmo, sobre seus medos. Era como uma ressurreição.

Radiante de alegria, Joana junta roupas e pertences e prepara seu retorno. Na viagem de volta, assiste ao pôr do sol mais inspirador de sua vida. Sob aquele brilho estonteante, que cobre de dourado a estrada e os campos, Joana segue, tranquila, ao encontro de Lucas. Sua espera havia terminado.

Na mala, um quinhão de saudade e um punhado de perdão.

UM NOVO OLHAR

Avenida Paulista, em frente ao Masp.

O local é bem conhecido de Lucas. Exatamente ali, num congestionamento de fim de tarde, meses atrás, ele batera no carro de Jefferson. Naquele momento, Lucas não podia antever a revolução que aconteceria em sua vida. Estava angustiado e ansioso por fechar o contrato que mudaria a cara da Firec.

Agora, numa ensolarada manhã de domingo, seu propósito é outro. Apreciadora das artes plásticas, Joana gosta de visitar as exposições do museu. Quando convidava Lucas para acompanhá-la, invariavelmente ouvia uma desculpa e fazia o passeio sozinha. Desta vez, satisfeita, conta com a companhia de Lucas.

O trânsito não é tão intenso como no dia do acidente, mas é grande a movimentação de pessoas sob o vão livre do museu mais importante da cidade.

Lá dentro, durante algumas horas, o casal se deslumbra com telas pertencentes a diversos movimentos: cubismo, surrealismo, expressionismo, impressionismo, pós-modernismo. Telas, pincéis e pigmentos permaneceram os mesmos durante essas fases. O que mudou foram o olho do artista e sua forma de enxergar o mundo.

Na saída, ouvem um cumprimento:

– Boa tarde, Dr. Lucas.

– Desculpe... Mas não me lembro de você.

Por um instante, Lucas permanece quieto, observando o homem à sua frente. Quem seria para tratá-lo assim, pelo nome, com tanta familiaridade, como se o conhecesse há muito tempo? A pausa é útil. De repente, ao fixar melhor os contornos do rosto, o reconhece:

– Você é o Gregório! Nem percebi, assim de pronto. Tudo bem? O que faz aqui?

– Trabalho. Faço parte da equipe de segurança do museu.

– Esta é minha esposa, Joana.

– Encantado – cumprimenta Gregório com naturalidade.

Mas esse é o mesmo Gregório que ele via diariamente como o porteiro sinistro e sisudo da Firec? Está diante de um homem jovial, simpático e cortês.

– Gregório, como você mudou!

– Eu sou o mesmo, Dr. Lucas. O senhor é que está de óculos novos. Lucas sorri. Afinal, nem mesmo usa óculos.

RESULTADOS PLENOS

Os negócios estão evoluindo bem e as vendas superam as expectativas. O problema crônico de caixa foi eliminado, mas ainda falta pagar parte das dívidas. Questão de tempo. Estão no bom caminho. Nada sugere acomodação. Lucas não consegue mais ver a Firec se repetindo todos os dias. Deleita-se com as ideias e sugestões que todos trazem.

A equipe gerencial da Firec, inclusive seus diretores, passou por um longo processo de conhecimento sobre liderança educadora e empreendedora. Soraia sente-se realizada em contribuir para que a Firec seja uma empresa de aprendizado. Conta com o apoio de Ferreira, que orgulhosamente atua como mentor dos novos líderes da empresa. Aristides denomina-se empreendedor interno, tal a habilidade que desenvolveu em estruturar novos talentos, dentro e fora da empresa, para fazer frente aos desafios. Todos se sentem responsáveis pelo futuro, pelos clientes e pelos resultados.

Há muita coisa a fazer, tantas são as oportunidades. Lucas sente-se altamente motivado e contributivo. Ele já não monitora diariamente o fluxo de caixa. Sabe onde está o resultado, e sabe agora que é lá que deve atuar. Ocupa a maior parte de seu tempo conversando, interagindo e monitorando clientes e colaboradores. Pouco fica em sua mesa de trabalho, como agora, ocupado em abrir a correspondência. Um envelope pardo chama a sua atenção. Lucas trata de ler logo a carta endereçada a ele.

Caro Lucas,

A vida não começa quando se nasce. Começa quando se desperta. Quando adquirimos a consciência de nós mesmos e sentimos que alguma coisa mudou no mundo, na nossa maneira de ver, na forma de nos relacionarmos e na vontade de nos entregarmos e servir. Esse é o resultado da metanoia, que nada mais é do que remover tudo o que se interpõe no caminho do conhecimento.

Viver desperto é viver por inteiro, com o corpo, a mente e a alma. Esta história não tem fim. Nós lhe oferecemos perspectivas, não experiências. Estas você terá de adquirir por si mesmo. O destino é o que conseguimos fazer com os conhecimentos e as experiências que colhemos durante a jornada. Mas lembre-se sempre: a vida é a própria viagem.

Estar a serviço é um dos nossos mais preciosos propósitos. Ter contribuído para você, portanto, faz parte de nossa missão de vida. Você nada nos deve. Nossa recompensa é que você possa também contribuir com outras pessoas.

Na próxima segunda-feira, aliás, você será procurado por um empresário. A empresa dele passa por dificuldades e sua vida pessoal está bastante desequilibrada. Sofreu um infarto há poucos dias. Se você aceitar, gostaríamos que conversasse com ele sobre a importância dos valores para a criação de uma empresa única.

A empresa dele fica no Butantã, próximo à Marginal Pinheiros. Seu nome é Kaiser.

Ajude-nos a manter viva essa corrente de apoio e solidariedade.

Com apreço,
Jefferson, Nilson, Marcos, Jaime, Gilton, Sidney, Glauco, Jairo, José Carlos, Luiz Guedes, Carla e Yukiko

EPÍLOGO

Escolhi três ambientes para escrever Metanoia.

A atenção e o carinho dos funcionários do Centro Adventista de Vida Natural, em Ibiúna, muito contribuíram para que eu pudesse tecer a trama.

Em seguida, contei com o privilégio das orações e da acolhida das monjas beneditinas do Mosteiro N. S. da Paz, em meio à mata da Serra de Itapecerica, onde o silêncio era interrompido apenas pelas torrenciais chuvas de verão que ribombavam do lado de fora da hospedaria. Lá dentro, a pequena imagem de São Bento, ofertada pela querida Irmã Maria Luíza, sugeria fé e inspiração e me acompanharia durante a escrita.

O terceiro ambiente é o escritório de minha casa, onde desenvolvo a maior parte de meus trabalhos sob os olhares de aprovação ou censura estampados nas imagens que povoam as paredes, gente como Chaplin, Einstein e Quintana, e na companhia descontraída dos personagens de Walt Disney e Maurício de Sousa.

Neste instante, enquanto escrevo o epílogo, as imagens dos metanoicos desfilam em minha mente. São todos reais, super-reais, de carne e osso. E os problemas apresentados também são muito reais. Metanoia não é uma obra de ficção com resquícios de realidade, e sim uma obra real com resquícios de ficção. Os interlocutores de Lucas existem na vida real: são empresários, diretores ou líderes que têm em comum as atribuições de administrar negócios e liderar pessoas. Diariamente, se deparam com toda a gama de problemas típicos das organizações.

Vamos conhecê-los mais de perto:

JEFFERSON LOPES GABRIOLLI (jefferson@politecpinturas.com.br) é líder educador na Politec Pinturas.

NILSON EDUARDO SAKO (nilsonsako@rawmaterial.com.br) é empresário da Raw.

MARCOS GRANADO (marcos@prettyjet.com.br) é sucessor da empresa Pretty Jet, fábrica de banheiras de hidromassagem.

JAIME ORTIZ JIMENEZ (diretoria@italbronze.com.br) é diretor da Italbronze, líder no setor de fundição de bronze.

SIDNEY DALBEN (sdalben@uol.com.br) é empreendedor de negócios e de vida.

YUKIKO ETO (yukiko@byoformula.com.br), farmacêutica, é empresária e diretora da Byofórmula, rede de farmácias de manipulação do Vale do Paraíba.

A todos, inclusive Carla, Gilton, Glauco, Jairo e Luiz Guedes, sou imensamente grato pelo tempo que despenderam comigo e pelas contribuições oferecidas, resultado de seus conhecimentos e experiências.

José Carlos Vassolér, enquanto esteve conosco, venceu o bom combate.

Lucas, Luiz Olavo, Ferreira, Tavares, Aristides, Soraia, Kaiser, Joana e Gregório são personagens fictícios. É possível, no entanto, que você reconheça vários deles ou um pouco de cada um em muitas pessoas com as quais convive.

Os problemas organizacionais apresentados também são ficções reais. As soluções propostas, no entanto, são práticas testadas por empresários e líderes que participaram do processo da Metanoia.

Assim como a história não acaba aqui e continua por intermédio de Lucas, na vida real a história prossegue com tantos outros metanoicos:

Adelir H. Alves;
Ademir Ramos da Silva Filho;
Adhemar Salgado Junior;
Adolfo Nakamura da Silva;
Adriana K. S. Fischer;
Adriana Valvassori de Jesus;
Adriano Barros;
Affonso Eggert Jr.;
Afonso Sugiyama;
Alaor Lobo Carneiro Filho;
Alberto Grossmann;
Alessandra Kalfels; Nunes;
Alessandra Pires Cardoso;
Alessandro Marcelino Oliveira;
Alex Mariano da Silva;
Alexandre de Menezes Corigliano;
Alexandre de Oliveira;

Alexandre Diogo Claro;
Alexandre Domingues Vieira;
Alexandre Haruo Yoshioka;
Alexandre José Crepaldi;
Alexandre Sako;
Alexandre Zorita dos Santos;
Alexis Anastasiou;
Alisson Rodrigues Alves;
Allan Ribeiro Silva;
Allan Sztokfisz;
Alvacir Cubas Ribas;
Amélia Fugino Matuoka;
Ana Carolina de Azevedo Olival Trovó;
Ana Carolina Oliveira Araújo;
Ana Clara Sauer de Arruda Pinto;
Ana Claudia; M. Chiocarello Favano;

Ana Cristina Bock Cintra;
Ana Lícia Silveira dos Reis;
Ana Lucia Azevedo;
Ana Lúcia Manzato Antibero;
Ana Maria Kasmanas;
Ana Paula do Valle Nogueira;
Anderson Cerqueira Cavalcante;
Anderson de Andrade;
André Abel Crespo;
André Cesar Vigorito;
André Lobe;
André Luis Klein da Silva;
André Magrini Basso;
André Pezeta;
Andréa do Amparo Neris;

Andrea Mascarenhas Marsola Cervieri;
Andréa Massa;
Andreas Auerbach;
Angela Leme Ribeiro Chapper;
Angélica Ferreira Celestino;
Angelo Canuto Leodido;
Angelo Marsola Filho;
Antonio Alves de Castro;
Antonio Augusto do Canto Mamede;
Antonio Carlos Ramos Gonçalves;
Antônio Eurípedes Silvério;
Antonio Gandra;
Antonio Marcos Serenini;
Antonio Rogerio Prattes Salvador;
Arcanjo Gonzalez;
Ari Tereran;
Aristides Conti;
Armando Tadeu Buchina;
Bell Zinn;
Bento Huzak Andreato;

Bruno Benassi;
Bruno Berchielli;
Bruno Moreira Ori;
Bruno Perrotta Leal;
Caio Cezar Pimentel Ferraz Junior;
Caio Maghidman;
Camila Targino Queroz;
Carlos Alberto de Oliveira;
Carlos Alberto de Paiva Carvalho;
Carlos Alberto Mestriner;
Carlos Alberto Silva Pereira;
Carlos Diego de Oliveira Guimarães;
Carlos Eduardo Forastieri Filho;
Carlos Eduardo Pedrino dos Santos;
Carlos Fernando de Abreu;
Carlos Marcortla Frischberg;
Carlos Roberto Alves dos Santos;
Carlos Soares de Carvalho;
Carmem Regina Miranda;

Carolina Corona;
Catiane Amaral;
Celia Angela Benassi;
Celso de Camargo Campos;
Celso de Siqueira Arroyo;
Cesar Augusto de Souza Martins;
César Augusto Frasson Rodrigues;
Cesar Augusto Pinela;
Cesar Fernando Benassi;
Cesar Fujikawa;
Cesar Roberto Kiral Santaella;
Christiane Hufenussler;
Cibele Jarmelo Matiusso;
Cicero Willians Ferreira Leite;
Cidemar Salini;
Claudia Andrea; Rosa Rocha;
Claudia da Costa Mota;
Claudia Regina Martinez Fernandes;
Cláudia Spring;

Claudinei Lopes da Costa;

Claudinei Matasso Benzi;

Claudio Emanuel de Menezes;

Claudio Pinheiro de Freitas;

Cleber Luis Rodrigues de Souza;

Clotilde Dal Pino Marques;

Clóvis Peralta Garcia;

Crislei Lorezon Benassi;

Daltro Espindola Júnior;

Dálvares Mattos;

Daniel Faccini Castanho;

Daniel Fernando Antonucci e Silva;

Daniel Puerta Amato;

Daniel Sorrentino;

Danilo B. de Oliveira;

Davi Nogueira de Santana;

Dayse Soria;

Décio Marcellino;

Délcio de Azevedo;

Délcio Nei Fischer;

Delson Iacono Garone;

Demétrio Costa;

Demétrius Napoleão Nápoles;

Denis Alexandre Sá;

Diego Mestriner Colli;

Dinovan Dumas de Oliveira;

Diogo Ferraz de Andrade Corona;

Dirceu Cunha Piero;

Domingos Arcângelo Sevegnani;

Domingos de Oliveira Marques;

Dorival de Oliveira Marques;

Douglas H. Pavinato;

Douglas Joaquim;

Douglas Nogueira Prats;

Eder Massaru Kurokawa;

Eder Regis Marques;

Edevalde Perfeito Junior;

Edgard Corona;

Edilza Cavalcante;

Edimilson Ricardo Azevedo Novais;

Edison Claro de Moraes;

Edriano Martins;

Edson Catae Arita;

Edson Gandorphi;

Edson Pereira;

Eduardo Baldi Simões Ferreira;

Eduardo Beltrame;

Eduardo Benassi;

Eduardo Brandão;

Eduardo Gandra;

Eduardo Gonçalves Neto;

Eduardo Gracia;

Eduardo Lopes;

Eduardo Rodrigues de Lima;

Edvanilse Heloisa D. Comitre Leyte;

Elaine Cristina de Sousa Lazelotti;

Eliana Militão Silva;

Eliana Terezinha Godoy dos Santos;

Eliane Rodrigues Leonelo;

Elizabete Fonseca Vieira;

Elly Shimasaki Cumagai;

Elvio Minoru Kamachi;
Emerson Martins;
Ênio A. Kohler;
Enzo Grinover;
Eric Pelogia Pieri;
Erisson Albini Jubanski;
Estela D'Aquino Peralta Garcia;
Ezequiel Ferreira Leite Neto;
Fabiana Iñarra;
Fabiano Gualberto Junqueira;
Fábio Augusto de Brito Ávila;
Fábio Augusto de Oliveira e Silva;
Fábio Baggio;
Fabio Bueno de Oliveira;
Fábio Eduardo Teixeira;
Fabio Escorpioni dos Reis;
Fábio Franzoi;
Fabio Persone Uliana;
Fabrício Gonzalez;
Fátima Aparecida Moreira Forastieri;
Fátima Cristina Zulatto Bueno;
Felipe Forato Rodrigues;
Felipe Sako;
Fernando A. Basani;
Fernando Barbosa Recco;
Fernando Basani;
Fernando Bento Vidal;
Fernando Harasawa Mori;
Fernão Sérgio de Oliveira;
Flavio Ferri;
Flávio Ghelfond;
Francesco Conventi;
Francisco D. Fernandes;
Francisco de Assis Santos Sobrinho;
Francisco Luiz Gallo;
François Engelmajer;
Franly Yurie Ijuim;
Frederico Muraro Filho;
Gabriel Altenburg;
Gabriela Maria Carneiro de Loyola;
Gabriela Vieira do Prado;
Gary Schulze;
Gerson Bachiega Pedro;
Gilberto Garcia;
Gilberto Rossi Gil;
Gilberto Sterenkrantz;
Gildo Garcia;
Gino de Gragnani;
Giovani Trapp;
Giovanni Cervieri;
Giovanni Ciriaco Maio;
Glauco André Della Vega;
Glauson de Moraes Mendes;
Gley Radelsberger Lima;
Guilherme de Magalhães Meirelles;
Guilherme Mendes Eskelsen;
Guilherme Plessmann Tiezzi;
Gustavo Borges;
Gustavo Flaminio Granado;
Gustavo Succi;
Heldy Cardoso Santos Jubanski;
Heleny Mendonça Meister;

Helio Ademir Marques de Freitas;
Hélio José Zangari Alfano;
Henriette Segtowich;
Henrique Castan Xavier Augusto;
Herman Brian Elias Moura;
Hermes Elias de Moura;
Humberto Dias Neiva;
Ieda Maria Silva Pereira;
Ioanna Tsanakaliotis Mendonça;
Isabel Paulino da Costa;
Israel Vicente Lopes Junior;
Ivandro Geraldo de Souza;
Ivo Ferreira Lima;
Ivo Ribeiro Gonçalves;
Jacques Sidney Porto Junior;
Jaime Ortiz Jimenez;
Jair Pavinato;

Jairo Boppre Sobrinho;
James Ademir Alves;
Janaina Soares;
Jaqueline Menna Barreto Duarte;
Jay Halliden;
Jefferson Lopes Gabriolli;
Jefferson Mauro Lot Jorge;
Jeth Domingues Bueno Neto;
Joana Doin Braga Mancuso;
João Alberto Malpetti;
João Carlos Bevilaqua;
João Marcelo Issa Costa;
Jober Chaves Azevedo;
Jocelino Kohler;
Jorge Alvarez Rocha;
José Alberto Cépil;
José Antonio da Silva;
José Domingos Abreu de Andrade;
José Eduardo de Souza;

José Falconery Rios Neto;
José Humberto Linhares Dutra;
José Lopes dos Santos Neto;
José Luis Martin Martins;
José Luiz Gomes Barcelos;
José Luiz Sanches Boteon;
José Marcelino Bersch;
José Marcos Martins da Costa;
José Ricardo Miranda Matiusso;
José Roberto Colli;
José Rodrigues Perez;
José Rubens Mota Cruz;
José Vanildo Veras da Silva;
José Vicente de Souza Junior;
Josefa Sônia Pereira da Fonseca;
Juliano Augusto Bombo Pitton;
Julio César Lopes Gabriolli;
Julio César Zanardi;

Julio Makoto Kumagai;
Julio Tadeu Aoki;
Kahlil Elias Assib Zattar;
Karina Pettinatti;
Karla Braga Valença de Oliveira;
Kasuo Yassaka;
Kátia C. Possari dos Santos;
Kátia Regina Pereira;
Kazumi Rosana Yoshioka Inui;
Keine Alves;
Leandro Berchielli;
Leandro Cerdeira Antunes Ferreira;
Leila Angélica Silva Pereira Rios;
Léo Rosenhek;
Leonardo Cirino dos Santos;
Leonardo Esteban Sanchez;
Lisandra Nascimento Cobu;
Lorival Antonio Lobe;
Lourival Antonio Lobe Junior;
Lúcia Fátima Benassi;

Luciana Raimundo Paulo Oliveira;
Luciane Maria Rosseto;
Luciano Issa Costa;
Luis Alberto Banzato;
Luis Antonio Daudén Martinez;
Luis Assib Zattar;
Luís Henrique de Freitas Soares;
Luis Hufenüssler Leigue;
Luis Marcato;
Luiz Antonio Beldi Castanho;
Luiz Carlos Boebel;
Luiz Fernando Rocco;
Luiz Orlando Algarra;
Luiz Ricardo Silva Cortez;
Maíra Araujo Cavalcante;
Maíra Martins Santiago;
Marcello Luporini;
Marcello Silva do Amaral Brito;
Marcelo Amorim;
Marcelo Battistella Bueno;

Marcelo Donatini Colatto;
Marcelo Eduardo Souza;
Marcelo Hideaki Azuma;
Marcelo Simões Souza;
Marcelo Sobrinho Pires;
Marcelo Valentini;
Marcelo Winter Gomes;
Márcia Martins Miguel;
Marcio Antonio de Freitas;
Márcio Bernardo Faustino;
Marcio Elvécio de Almeida;
Marcio Tadeu Ribeiro;
Marco Augusto Honorio da Silva;
Marco Aurélio Luiz da Costa Junior;
Marco Flávio Flues;
Marcos Antonio Gomes Pereira;
Marcos Antonio Salgado;
Marcos Felipe Takehara;

Marcos Francisco de La Cruz Costa;
Marcos Granado;
Marcos Ibrahim Tartuci;
Marcos Inui;
Marcos Maria Torres;
Marcos Saqueto;
Marcus Vinicius Moure Rosaboni;
Maria Aparecida Mestriner Colli;
Maria Aparecida Pereira Gonçalves;
Maria Eugênia Borges Vilela;
Maria Florentina Heinzen Marcato;
Maria Helena Simões de Carvalho;
Maria Juliana da Silva Caleffi;
Maria Vanúsia Estima da Silva;
Marília de Carvalho V. Teixeira Pinto;
Mário Alfredo Mose Redolfi Lodi;
Mario Brandini Júnior;

Mário Roberto Rizkallah;
Mário Wilson Nunes de Oliveira;
Marlene Alves de Freitas;
Marlene Takayama;
Marli Barros de Oliveira Alencar;
Marynês Monteiro Freixo Pereira;
Maurício José Preto;
Maurício Martins Bertoldi;
Maurício Nogueira Escobar;
Maurício Pinheiro de Freitas;
Maurício Rogerio Canineo;
Mauro Fabbroni;
Mauro Luiz Barbato;
Miguel Rodrigues de Araújo Filho;
Miled Ellis;
Miriam Matile;
Mituru Mori;
Monica Mimaki Assis Bittencourt;
Murilo Rech;
Nassim Miguel Hueb Neto;

Natalia Castan Xavier Augusto;
Nelci Maria Flaminio Granado;
Nelson do Nascimento Castro;
Neverli Soares;
Nicola Tommasini;
Nilci Andrea Gasparini de Moraes Torresi;
Nildilene Oliveira;
Nilson Eduardo Sako;
Nilton João Floriano;
Norma Ragghianti Viscardi;
Oduvaldo Rezende Mendonça;
Ormindo Resende de Carvalho Neto;
Oscar Fonseca Vieira;
Oscar Fonseca Vieira Filho;
Oswaldo Segantim Jr.;
Otavio Adolfo Leonhardt de Abreu;
Otávio de Góes;

Otávio Marcel Facholi;
Otávio Santos;
Patrícia Costa Campos;
Patricia Maria I. de Almeida;
Paula Cauchick Santos de Almeida;
Paulo Augusto Akiau;
Paulo Battistella Bueno;
Paulo Cesar Franco Júnior;
Paulo Estevam Scremím;
Paulo Luiz da Silva Mattos;
Paulo Masayuki Itaya;
Paulo Ricardo Abud Silva;
Paulo Ricardo Tscheppen de Freitas;
Paulo Roberto Grimaldi Oliveira;
Pedro Claudio de Freitas;
Pedro Luis Gracia;
Peter Thomas Szenttamasy;

Priscila Regina Tavares de Figueiredo;
Rafael Benassi;
Rafael José Pôncio;
Regina Miranda;
Regina Rapacci Magalhães;
Reginaldo Aparecido Gallo;
Reginaldo Rodrigues Teodoro;
Reginaldo Tenório Silva;
Reinaldo Nascimento Silva;
Renata Costa de Almeida;
Renata Inoue Azevedo;
Renato Martinho Fernandes;
Renato Ramalho;
Renato Rocha Barboza;
Reynaldo Carvalho Marchezini;
Ricardo Augusto Bressiani;
Ricardo Benassi;
Ricardo Gracia;
Ricardo José Villaça Pugliesi;

Ricardo Leite Peixoto;
Ricardo Mesquita Chioccarello;
Ricardo Stiepcich;
Rinaldo Aparecido Capitelli;
Roberto Carlos S. Pacheco;
Roberto Fernando J. Ruoppolo;
Roberto Gomes Giannini;
Roberto Iacovella;
Roberto Iunes Junior;
Roberto Moherdaui Salomão;
Rodolfo Vilar Balro;
Rodrigo Rodrigues Ribeiro;
Rogerio Geraldo da Silva;
Rogério Panzone Aranda;
Romara Tranjan;
Romildo Ramalho de Brito;
Rômulo Faccini Castanho;
Ronaldo Mauricio Janssens;
Rosa Cerino da Luz;

Rosana Correa Soares;
Rose Cristina S. Siqueira Freitas;
Rosely Amaral Teixeira;
Rubens Sidorovich;
Sadaji Yoshioka;
Salvador da Silva;
Salvador Granado Neto;
Samir Nakad;
Sandra Araújo;
Sandra Maria Campos;
Sandro Cristóvão Vidotto;
Sandro Gonçalves da Mata;
Saturno de Souza;
Sergio Arantes Gasparini;
Sergio da Silva;
Sérgio de Oliveira Resende;
Sérgio Francisco Benassi;
Sérgio Galvão Ribeiro;
Sérgio Luiz Bacelo Amorim;
Sergio Luiz Ferraz Carvalho;
Sérgio Mauricio Gasparini;
Sérgio Roberto Andreazzi;
Sergio Schafaschek;
Sérgio Teixeira Pinto;
Severino Benner;
Sheila Cristina Batista Fonseca;
Sidney Dalben;
Silvana E. Fioravanti;
Silvano Pereira de Souza;
Sílvia Aparecida Chaves Souza Oliveira;
Sílvia de Araujo Donnini;
Silvia Helena Berardi Flues;
Silvia Tsuji;
Silviane Leonelo Molento;
Sinésio Amaral;
Soraya T. Lopes Corona;
Stefan Bogo;
Sueli Faria;
Susi Helena de Arruda Maluf;
Tadeu Barbosa de Oliveira;
Tania Cristina Piva;
Tania Ferreira Pulier;
Tânia Mara Janssens Akrouch;
Teresa Emília Cortez Porto;
Thiago Ventura de Andrade;
Tiago Altenburg;
Túlio C. J. A. L. R. M. Salim de Freitas;
Valdecio de Oliveira;
Valdemar Prochnon Neto;
Valdevino de Souza;
Valdir Mestriner;
Valéria Ribeiro de Azevedo Vasconcellos;
Valeria Soria;
Valério Medeiros Ferreira;
Vanessa Cristina Braz Guimarães;
Vânia Aparecida Lucas;
Vania Cristina Castilho Mestriner;
Venilton Amaral;
Vera Márcia Leão;
Victor de Oliveira Cosme;
Vildomir Krause;

Virgínia Lúcia Benassi;
Vitor Fasanella Junior;
Vitor Manoel Cardoso de Oliveira;
Vitor Tondo;
Viviane Batista da Silva;
Wagner Antibeiro;
Wagner Watanabe Nascimento;
Walter Perfeito;
Weuler Elias Moura;
Willians Welby Pressi;
Wilson Garcia;
Yovana Gabellini Stiepcich;
Yukiko Eto.

Em memória: Carlos Redondo, Carlos Sergio Antonio da Silva, Luiz Carlos Gioia e Patricia Watanabe do Nascimento.

ETERNOS AGRADECIMENTOS

Amigos especiais deram contribuições igualmente especiais ao livro.

Mirian Ibañez é presença marcante em toda a obra, desde que decidimos produzi-la.

Nelson do Nascimento Castro, empresário e líder de talento invejável, deu sugestões criativas e inteligentes. Obrigado pelo envolvimento com os originais e pelo entusiasmo.

A Maria Helena Bosco Vaz, por todas as contribuições e pelo privilégio de tê-la como irmã e amiga.

À equipe da Metanoia, exemplo de contribuição, compromisso e entrega: Alexandre, Andreia, Carlos, Claudia, Edilza, Fabiana, Herivelto, Ivo, Julian, Karina, Karine, Kleber, Lucas, Luciana, Luiz, Malu, Maria, Michele, Mis, Paulo, Rose, Susi, Zilda.

Em especial, para o sócio e amigo Silvio Bugelli, parceiro de tantas travessias.

Ao Anderson Cavalcante, Luisa Tieppo, Simone Paulino e Gabriela Castro e equipe da Buzz pelo cuidado e zelo.

Juntos, contribuímos diariamente para a construção de mercados éticos, mais humanos e prósperos.

Roberto Tranjan
outono de 2019

FONTES Register, Druk
PAPEL Alta alvura 90 g/m²
IMPRESSÃO Geográfica